副業するならポスティング

未経験OKの新型チラシ配布オーナービジネス入門

株式会社クラシード代表取締役
松島宣武

フォレスト出版

はじめに

誰でも月収100万円稼げるビジネスがある

学歴、職歴、年齢不問。実績も不要。人嫌いで、人見知りの人でも、副業でプラス年収500万円。本業なら1000万円稼げてしまうビジネスがある——。

そう言われたら、あなたは信じるでしょうか。

きっと「そんなのあり得ない！」と声を大にして叫びたくなるはずです。しかし、私は自信を持って断言します。誰でも月収100万円、年収1000万円、すぐに稼げてしまうビジネスが存在するのです。

私は、そのビジネスの体験者であり、そして実践者でもあります。

先に、ある事実を告白しておきたいと思います。

私は過去に別の事業で失敗をしています。父の債務超過の会社を引き継ぎ、その会社を廃業させているのです。そして、食いつなぐために「ポスティングビジネス」を始めました。

現在、社員は自分と妻だけ。あとは約10名のアルバイトで、５０００万円の年収を稼いでいます。しかも、自分の時間をしっかりとることができています。家族を旅行にも連れて行き、有意義な人生を過ごしています。

これを可能にしたのが、本書で紹介している「ポスティングビジネス」なのです。

ポスティングビジネスとは、その名のとおり、チラシを個人宅などのポストに配布する仕事です。

えっ？　ちょっと待って。今までも「ポスティングビジネス」ってあったよね？

そう思う方もいるでしょう。

もちろん、おっしゃるとおり、今までも「ポスティングビジネス」そのものはありました。ポスティング業者もあり、今も存在します。

ただ、私はこの「ポスティングビジネス」の世界において後発者ながら、参入してわずか2年で、店舗数日本一のポスティング会社の経営者となりました。

なぜ日本一になれたのか？

詳細は本書の中で詳しく解説していきますが、そこにはいくつかのポイントやノウハウ、秘策があります。まさに本書は、店舗数日本一のポスティング会社の経営者となった私が、「誰でも月収100万円を得ることができる方法」を教えるノウハウ書です。

◎一人でやる副業で、年収プラスアルファ300万円を稼ぎたい人。
◎アルバイトさんにお願いして、年収500万円プラスアルファを目指したい人。
◎このビジネスを本業にして、年収1000万円以上を目指したい人。

「ポスティングビジネス」には、さまざまなコースがあります。

本書は私が長年かけて得たノウハウを、ほんの数時間で学べてしまう、とてもお得な本と言っても過言ではありません。ページをめくるたびにあなたは、新しい働き方への扉を開けることができるのです。

週末2日の副業で、月収50~60万円

ここで、私がどのような1日を過ごしているかを紹介しましょう。

毎日19時頃になると、翌日にチラシを配布するエリアをチェックし、チラシの用意をします。これが終われば自由時間です。趣味を楽しんだり、家族との時間を過ごしたりしてから、24時には寝床に入ります。

翌日は朝6時に起床し、仕事への思いをブログ記事にして更新します。更新時間はほんの10分。午前7時30分ごろからポスティングを開始し、午前11時になるころには、体から汗が吹き出し、ポスティングハイになって気分が高揚してきます。

「ポスティングをやっていて楽しいな!」

そう思える時間です。

午前中のノルマを終えると、お昼ご飯です。午後は16時30分くらいになると、達成感とともにノルマを終えます。帰宅後は日報を書き、配った枚数を記録、クライアント様に報告を入れます。そして、また19時には仕事が終わります。

自分で体を動かす日は、平日のうちはこの1～2日だけ。それ以外の日は、配布をアルバイトさんに任せています。アルバイトさんにお任せする日は、朝チラシを渡し、送り出した後は、管理側に回ります。

シフト表を管理したり、事務処理をしたり、あるいは、時間がある場合は、新規開拓の営業をしたり、見積依頼をお返ししたりと、緩やかな時間が流れます。

またポスティングは、雨が降ったらお休みです。

このような毎日を過ごしているので、事業が回り出してからは、忙しくて家族との時間がとれなかった記憶がほぼありません。信じられないかもしれませんが、これで年収5000万円を稼ぎ出すことができているのです。

もし、**あなたが副業で気軽に始めたとした場合、土日のみのチラシ配布でも構いません。月～金曜日の稼働は、「見積もりを返すこと」と「ブログの更新」だけ**です。

配布をアルバイトスタッフに依頼する場合は、木曜の夜に連絡して出勤確認をします。土曜の朝には、アルバイトスタッフにGPS、エリア表とチラシを渡して注意事項を話し、あとはお任せするだけです。

お昼休み前に定時連絡し、モチベーション高めるために声をかけます。夕方にチラシを何枚配ったか確認し、日報を書いてお客さまに提出。

やることは、これだけです。毎週末、この繰り返しで毎月50〜60万円の利益を稼ぎ出してしまうのです。

在庫も、事務所も、社員も不要——マイペースでできる、究極の人見知り副業

すでに述べているように、私は過去、事業に失敗しています。親から引き継いだ会社を廃業しました。私がポスティングビジネスを始めたのは、「失敗の後」のことです。

ポスティングは、まったくの未経験でした。そんな私でも、研究に研究を重ね今のような結果を残すことができています。現在は、フランチャイズ形態をとるポスティング会社の中で、日本一になることができました。

弊社が成長した理由は、副業や独立したい人がたくさんいる中で、初期投資が少ないこと、さらには集客できるホームページもセットでついてくること、そして、儲《もう》かるノウハウを全部教えるといったことがあったからだと思います。

ポスティングビジネスには、多くのメリットがあります。それは儲かるということだけではありません。何より、会社でありがちな、嫌な人間関係に振り回されることがありません。嫌な上司もいませんし、人間関係を良好に保つための無理な人付き合いも不要です。

まさに、**「マイペースでできる人見知り副業」**と言えます。私自身、人見知りで、人付き合いも苦手でした。ですので、この点のすばらしさは、私自身が痛感しています。

これからAI時代が訪れ、多くの仕事がAIにとって代わられてしまうと言われています。それでも、このポスティングビジネスはAIでは決してできないビジネスと言えます。

さらには、在庫も、事務所も、社員も不要です。私も、妻と2人で2LDKの自宅アパートを事務所にし、軽自動車1台でスタートしました。スタートから7カ月後、住んでいた同じアパートの部屋が空いたので、そこを本社にしました。

最初は事務所すらなかったのです。

「自宅で始められる」

これも、ポスティングビジネスの魅力のひとつです。今では黙っていてもお金が入ってくるので、月末に通帳を見ることがありません。心配する必要がないからです。

私は、ポスティングビジネスに興味を持つ人に、実際の売り上げ帳を見せるようにしています。すると、すぐさま信用していただき、ポスティングビジネスを始めようとします。そして実際に、多くの人がポスティングビジネスで成功しています。

本業でやっている人の中には、50人の配布スタッフを抱え、年間2億円近くの純利益を稼いでいる会社もあるほどです。

私は本書で、そのノウハウを、余すところなくお伝えしています。

過去にどんな失敗があろうと、経験がなかろうと、リベンジできる可能性がある。それがポスティングビジネスなのです。

さあ、次はあなたの番です。

本書を読んで、新しい未来へ漕ぎ出していただければ幸いです。

副業するなら
ポスティング
CONTENTS

第1章
損する副業・複業をしてはいけない

第2章

今日から始めて毎月100万円稼げる「ポスティングビジネス」

第3章

ネット広告時代のチラシの強みを知っておく

第4章

苦手な人と仕事しないでOK、人見知りでも口ベタでもうまくいく
――ポスティングビジネスならではのメリット

第5章

9割のお店はチラシを配りたがっている

――クライアントを増やす営業テクニック

第6章 反響が劇的に高まるポスティング術

第7章

アルバイトにチラシを捨てさせない方法
――アルバイトスタッフの管理術

第8章

「ちゅらさん」の始まりは、たった1枚のチラシだった
――ポスティングビジネスのさらなる可能性

装幀◎河南祐介（FANTAGRAPH）
本文デザイン・図版作成◎二神さやか
出版プロデュース◎吉田浩（天才工場）
編集協力◎潮凪洋介・山中勇樹
DTP◎株式会社キャップス

第1章

損する副業・複業をしてはいけない

「働き方改革」「ポストコロナ」で、副業を認める会社が本格化

２０１８年は、まさに「副業（複業）元年」と形容できる年でした。一部では、「副業解禁元年」とも呼ばれ、ソフトバンクグループやサイボウズなどの大手ＩＴ企業を中心に、副業を解禁する企業が増えてきてきます。

１月には、厚生労働省が「モデル就業規則」を改定し、これまであった副業禁止の項目が削除され、副業を容認する規則へと変更されました。こうした動きをきっかけに、大手企業を中心として、さまざまな企業が就業規則の改定に動いているのです。

事実、従来のモデル就業規則では、規則の中に副業禁止項目が設けられていました。つまり、各企業において、実質的に副業が禁止されていたということです。もちろん、それでも副業する人はいましたが、全体のごく一部でした。

２０１８年の改定では、こうした副業禁止規定が削除されたことによって、勤務時間外における副業・兼業が認められるような規則に改定されたのです。企業側が副業

を容認する姿勢は、これまでになかったことです。

副業「解禁」から「推進」の時代

また、多くの企業で副業が解禁された背景には、「働き方改革」の影響もあると考えられます。２０１７年に、政府の「働き方改革実現会議」が発表したモデルは、既存の働き方に大きな影響を与えているのです。

そもそも日本社会は、少子高齢化に伴う生産年齢人口の減少や、育児と介護の両立、さらには働く人々のニーズの多様化など、さまざまな変化に直面しています。こうした状況に対処するには、就業機会の拡大や意欲・能力を発揮できる環境の構築が欠かせません。

特に、政府が掲げる働き方改革では、「働く方の置かれた個々の事情に応じ、多様な働き方を選択できる社会を実現し、働く方一人ひとりがより良い将来の展望を持てるようにすることをめざします」と宣言されています。

ここで述べられている個々の事情とは、男女ともに、育児や介護など各人のライフスタイルに応じた対応のことであり、また多様な働き方とは、そうした個別の事情を快味した働き方を選択できる環境のことです。

高度経済成長期から現在まで行なわれてきたような個人のがんばり、つまり家庭生活やプライベートを犠牲にして残業したり、休日出勤したりするような働き方を根本から変え、原則残業をなくし、同一賃金同一労働を実現することが、そのためのひとつの解になっているのです。

このような働き方改革の潮流を鑑《かんが》みると、副業を認める風潮が企業の中に醸成されつつあるのも半ば当然のことと言えるでしょう。すでに一部の企業では、副業の容認が優秀な人材の獲得や成長、離職率の防止につながると公言し、積極的に副業を推進しているところも出てきています。

さらに、副業のマッチングサービスや副業者のためのレンタル・シェアオフィスなども増加しており、社会的に副業を行ないやすい環境も構築されつつあります。これから先、こうした動きはさらに加速していくと考えられます。

さらに2020年に全世界で発生した新型コロナウイルスの影響で、リモートワークの常態化、各企業のダメージなどを考えると、企業は従業員の副業を認めるざるを得ない状況になりました。**副業（複業）ニーズがさらに加速することは必至**です。

実は、法律で禁止されていた公務員にも、副業を容認する流れが出てきています。政府が、ＮＰＯやＮＧＯなどの公益活動に目的を限定し、副業を認める方針で国家公務員の兼業を正式に認めるよう調整しているのです。

この場合の公益活動とは、利益を追求しない社会福祉などを目的とした活動のことですが、それでも、公務員を対象とした規制緩和は大きな影響を与えそうです。今後、各業界において、副業「解禁」から副業「推進」へと意識改革が行なわれるかもしれません。

少なくとも、**あらゆる人が副業を意識せざるを得ない環境になりつつある**と言えるでしょう。新型コロナの影響で、社会全体がさらに背中を押された形です。

「働き方改革」×「新型コロナ」で、労働時間の減少加速

働き方改革の中身についても触れておきましょう。

政府が進めようとしているのは、労働者の多様な事情に応じた「職業生活の充実」に対応することです。そのための施策として挙げられているのが、次のような項目です。

・労働時間の短縮と労働条件の改善。
・雇用形態にかかわらない公正な待遇の確保。
・多様な就業形態の普及。
・仕事と生活（育児、介護、治療）の両立。

こうした施策を概観してみると、明らかに「長時間労働」という従来の雇用慣行が槍玉に挙げられているとわかります。つまり、「まずは長時間労働を減らそう」という方向に舵を切っているわけです。

現状、時間外労働の上限は原則として月45時間、年360時間です。特別な事情がある場合でも、年720時間、単月で100時間未満にすることとされています。ちなみに、これは休日労働を含んだ時間です。

さらに、複数月平均では80時間を限度として、月45時間を超えることができるのは年間6カ月までと定められています。こうした規制の中で、さらに年次有給休暇の確実な取得や勤務間インターバル制度の普及促進なども進められています。

このような取り組みからも明らかなように、日本は社会全体で残業を減らし、かつ労働時間の絶対数をも減らそうとしています。しかし、そのしわ寄せは私たち労働者に寄せられることとなるのです。

事実、副業をしようと考えている人の多くは、生活費や養育費、さらには介護費用などを捻出するためといった事情を抱えています。これからは、さらに副業せざるを得ない人が増えていくことでしょう。

1つの会社、1つの職業だけでは生活できない時代

日本を代表するトヨタ自動車の豊田章男社長は、2019年5月、これまでの常識を覆すような発言をしました。それは、代表的な日本型雇用慣行のひとつである、終

身雇用に関する次のようなものでした。

「雇用を続ける企業へのインセンティブがもう少し出てこないと、なかなか終身雇用を守っていくのは難しい局面に入ってきた」

実は、豊田社長のこうした発言の前に、4月には経団連の会長を務めている中西宏明氏も同様の趣旨の発言をしています。それは、「企業は今後、終身雇用を続けていくのは難しい」という、やはり終身雇用に関するものだったのです。

このような経済界のトップらの発言を見ても、雇用の多様化・柔軟化という名のもとに、**ひとつの会社、ひとつの職業からの収入だけで生活できる体制を改め、マルチに稼いでいく社会へシフトしようとしている**ことは明らかです。

考えてみてください。終身雇用や年功序列という従来の雇用慣行は、人々の生活を安定化させたものの、それができるのは「経済成長」という前提があったためです。経済成長が見込めない社会において、そのような雇用慣行は、企業にとって負担でしかありません。

事実、日本経済を無理やり盛り上げようとして行なわれたマイナス金利政策は、まず、経済の担い手である銀行に大きなダメージを与えました。メガバンク各社でリストラが進められているのは、ご存じのとおりです。

残念ながら日本は、「一億総中流」という安定の時代が終わり、普通に働けば生活が維持される時代ではなくなりつつあります。これからは誰もが、従来の働き方を変えていかなければなりません。

銀行で進められているようなリストラが、あなたの会社でも行なわれる可能性は十分にあるのですから。

親の収入格差が、子どもの学歴格差を生む

別の視点からも、副業の必要性について考えてみましょう。

少子化が進む日本において、「いかに子どもを育てていくか」という命題は、国民全体が考えなければならない重要な課題です。特に、より良い教育を受けさせるとい

う観点は、優秀な人材を育てるためにも重要視されるべきでしょう。

ただ一方で、日本だけでなく世界中で収入格差が広がっているように、子どもの教育にも格差が波及しています。なぜなら、両親の収入によって、子どもに与えられる教育の内容にも差が生じているためです。

具体的な数字で見てみましょう。

内閣府が発表している「子供の貧困対策に関する大綱」によると、一般家庭の進学率は、大学等（大学・短大）で53・9％、専修学校等で17％、進学率全体としては70・9％とされています。

一方で生活保護家庭の場合、子どもの進学率は、大学等（大学・短大）が19・2％、専修学校等が13・7％、進学率全体としては32・9％となっているのです。この差は、子どもの教育格差という観点からも、決して無視できない数字です。

教育水準の差は、生涯賃金の差となって表れます。

独立行政法人労働政策研究・研修機構が発表している「ユースフル労働統計２０１６」からは、学歴や性別ごとに、生涯賃金の差が見てとれます。

たとえば、高校卒業者と大卒・大学院卒業者で生涯賃金を比較してみると、高卒は正社員の男性で2億1000万円、女性で1億5000万円であるのに対し、大卒・院卒は男性2億7000万円、女性2億2000万円と、6000〜7000万円の差が生じているのがわかります。

さらに非正社員の場合は、大卒・院卒の男性で1億5000万円、女性で1億2000万円となり、高卒では男性1億3000万円、女性で1億円とさらに下がっています。まさに、学歴の差が、賃金格差として如実に表れているのです。

このような統計からも明らかなように、両親の収入格差が子どもの教育格差となって生じ、さらにその結果が子どもの生涯賃金の格差につながっているのです。そしてそれは、教育格差や収入格差へと連鎖していきます。

収入の低迷による教育水準の低下という連鎖をどこかで断ち切らなければ、いつまで経ってもマイナスのサイクルから抜け出せません。それが、解決困難な格差社会を生んでいることは間違いないでしょう。

その連鎖を断ち切るために、奨学金という名の借金をして大学に進学している人も少なくありません。ただ、奨学金はいずれ返済しなければならず、それが若者の負担になっている実情もあります。

やはり、子どもの将来を考えるのであれば、両親ががんばるしかありません。できるだけ収入を増やし、良質な教育を受けさせることが、子どもの生涯賃金を伸ばすことにつながるのです。

もちろん、収入を増やすのは簡単なことではありません。そのために、本業だけでなく、副業を検討している人も多いことでしょう。しかし一方で、なかなか収入が増えず、苦労している人も見受けられます。

収入を増やす目的で始めた副業によって、肉体的・精神的に疲弊してしまい、結果的に本業へと悪影響が及んでしまえば本末転倒です。ただ実際には、無理なアルバイトに励んでいる人も少なくありません。

次項からは、そのような副業がマイナスに働いてしまっている現状について、見ていきましょう。**重要なのは、「何のために副業をするのか」というポイント**です。

隣のあの人も「副業」を始めている

現状、高額な養育費や教育費、介護費等をまかなうため、あるいは家計を少しでも安定化させるために、副業をしている人は少なくありません。また、本業のかたわら、使える時間を利用してアルバイトをする人も増えています。

総務省が発表している「平成29年就業構造基本調査」によると、副業をしている人の総数は約270万人。うち、男性が約143万人、女性が約125万人となっています。

また、有業者に占める副業者の割合（副業者比率）は4・0％と、前回調査（平成24年）よりも0・4ポイント上昇しています。

雇用形態別に見ると、「正規の職員・従業員」は2・0％で0・2ポイントの上昇。「非正規の職員・従業員」は5・9％で0・6ポイントの上昇となっています。

さらに、追加就業を希望している人の数も増えており、平成29年度の段階で約424万人を記録しています。比率では全体の6・4％ではあるものの、前回調査より0・7ポイント上昇しており、副業に対する意欲が増しているのが見てとれます。

雇用形態別では、「正規の職員・従業員」は5・4％で1・1ポイントの上昇。「非正規の職員・従業員」は8・5％で0・4％ポイントの上昇となっており、いずれも増加しているのがわかります。

時間的、体力的にコスパの悪い副業を選んではいけない

このように、数字上も増加しているのが明らかとなっている副業ですが、たとえ社会全体で推進していても、本業に影響を与えない範囲で実践でき、かつ収入が伴わなければ意味がありません。

たとえば、仕事が終わってからコンビニでアルバイトをすれば、それなりの収入にはなります。時給1000円だとして、5時間勤務すれば5000円の収入になります。週3日で月6万円のプラス収入です。

しかし、仕事が終わってから5時間も働くのは大変です。18時から始めても23時まで勤務しなければなりません。体力も睡眠時間も削られることとなるため、場合によっては、本業の最中に眠気が襲ってくることもあるでしょう。

事実、アルバイトに励んでいた人が、本業の最中に居眠りしてしまったという事例

を耳にしたこともあります。それでは、何のために副業しているのかわかりません。あくまでも、本業があってこその副業なのですから。

そのような点を踏まえると、**副業というのは、本業に支障をきたさない範囲でやるのが基本**と言えます。副業をした結果、本業でミスが多発し、減給や降格になってしまえばそれこそ元も子もないでしょう。

私もかつて、似たような経験をしたことがあります。何か効率的に稼げる副業はないかと探しており、某マッサージ店に勤務していたときのことです。

このマッサージ店では、スタッフが業務委託という形で働いており、初心者は売上の4割がもらえるスタイルでした。そこで18時から23時まで勤務してみたものの、なかなか指名を得られず、フリー客を相手にする日々が続いていました。

結局、実際に働けた時間は1日のうちわずか2時間だけ。収入は月4万7000円で、時給に換算すると1192円でしたが、拘束時間が長いため非効率であることは否めません。しかも、疲労と寝不足で、本業に支障が生じてしまったのです。

今になって考えると、最初の30時間は研修と称して無賃金で働かされましたし、実際に仕事がない時間が無駄になってしまうことを考えると、かなり非効率であったことは否めません。しかし、こうしたコスパの悪い副業は非常に多いのです。

「老後に必要な資金は2000万円」の衝撃

「本業に支障が出るくらいなら、副業などしなければいい」

中には、そのように考えている人もいるかもしれません。ただ現状は、そうも言っていられない状況になりつつあります。なぜなら、私たちの老後はすでに、脅かされつつあるためです。

そこで本章の最後に、私たちの老後に大きな疑念を生じさせた「2000万円問題」について触れておきましょう。その問題の前提となっているのは、「人生100年時代」という概念です。

日本の将来を考えると、できるだけ早い段階から、老後に必要な資産形成を行なわなければならないことは間違いありません。そのため、**多くの人が副業に励んでいる背景には、人生100年時代への期待と不安がある**とも考えられます。

人生１００年時代とは、ロンドン・ビジネス・スクールの教授であるリンダ・グラットン氏が、著書『ＬＩＦＥ　ＳＨＩＦＴ（ライフ・シフト）』で提唱している概念です。その題名のとおり、１００歳まで生きることを前提にしたものです。

具体的な中身としては、先進国を中心に寿命が１００歳を超える人が増える未来を見越し、これまでとは異なる人生設計が必要であると説いています。また、「人生１００年時代構想会議」の中間報告では、次のようなポイントが挙げられています。

◎ある海外の研究では、２００７年に日本で生まれた子どもの半数が１０７歳より長く生きると推計されており、日本は健康寿命が世界一の長寿社会を迎えています。

◎１００年という長い期間をより充実したものにするためには、幼児教育から小・中・高等学校教育、大学教育、さらには社会人の学び直しに至るまで、生涯にわたる学習が重要です。

◎人生１００年時代に、高齢者から若者まで、すべての国民に活躍の場があり、すべての人が元気に活躍し続けられる社会、安心して暮らすことのできる社会をつくることが重要な課題となっています。

こうした現状を踏まえたうえで、金融審議会の市場ワーキング・グループは、2019年6月、「高齢社会における資産形成・管理」という報告書を発表しました。しかし政府は、この報告書を受け取らないと宣言したのです。

なぜ政府は、この報告書を受け取らないと判断したのでしょうか。

実はこの報告書には、いわゆる「2000万円問題」と呼ばれていることからも明らかなように、「老後の生活に不足する金額は2000万円にもなる」と記されていたのです。

具体的には、次のような記述です。

「夫65歳以上、妻60歳以上の夫婦のみの無職の世帯では毎月の不足額の平均は約5万円であり、まだ20~30年の人生があるとすれば、不足額の総額は単純計算で1300~2000万円になる」

もちろん、この試算はあくまでも平均的な水準のものです。個々人の収入や支出、ライフスタイルによって違いがあることは、報告書にも書かれています。しかし、不足額に着目して大々的に報じたメディアによって、政府の失策が強調されることとなりました。

政府の失策とは、これまで日本人の老後を支えてきた、公的年金システムのことを指しています。政府は年金に関して「100年安心」という言葉を使っており、それが年金だけで老後は暮らせるという誤解を生み、批判の対象となったわけです。

しかも、金融庁が発表している別の報告書（「事務局説明資料」2019年4月12日）では、退職後に必要となる資産形成額を1500〜3000万円と見積もっており、市場ワーキング・グループの報告書より最大1000万円も多くなっています。

こうした報告書の内容からもわかるように、そして、新型コロナに対する政府の対策を見てもわかるとおり、言い方が少々過激かもしれませんが、我々国民を守ることなんてできないのです。

自分の身は自分で守るしかない。国や政府、1つの会社（収入源）だけには頼ってはいけない――。

新型コロナを通じて、それが完全に浮き彫りになったと言えるでしょう。

これから先、収入の問題は誰もが当事者になる可能性があります。副業への意識は、避けられそうもありません。

では、コスパのいい、おすすめの副業は何か？　その副業でどうやって収入を確保していけばいいのか？　第2章から具体的に解説していきます。

第2章

今日から始めて毎月100万円稼げる「ポスティングビジネス」

多くの人が勘違いする「ポスティングビジネス」の誤解

第1章では、さまざまな観点から副業の必要性について見てきました。そこで第2章では、取り組むべき効率的な副業として、私が提唱する「ポスティングビジネス」について解説していきます。

「ポスティングビジネス」とは、いわゆるチラシの配送を代行する業務のことです。デリバリーや不動産、その他地域を対象に事業を展開している企業から依頼を受け、チラシを配るのが主な業務となります。

ポスティングビジネスを始めるにあたり、よくある誤解として「ポスティングでは稼げないのではないか?」というものがあります。たしかにポスティングは、1枚あたり数円単位で成り立っているビジネスです。収益性への不満は当然です。

本書をお読みいただいている方の中にも、「1枚6円だとして、1日1000枚まいて6000円。10日稼働しても6万円ではちょっと……」と心配している人がいるかもしれません。

しかし、ここで断言しておきますが、**ポスティングビジネスは確実に儲かります。**

本書に書かれていることをしっかりマスターすれば確実に。

ポスティングビジネスが儲かる2つのポイント

では、なぜポスティングビジネスは儲かるのでしょうか。

ポイントは、**「複数企業のチラシを併配すること」「アルバイトスタッフを雇うこと」**の2点です。ここに、儲けのヒントがあります。

具体的な数字で見ていきましょう。条件設定は次のとおりだとします。

◎単価：A4チラシ1枚6円（単価）
◎配布数：1日に配れるのは1000世帯まで

このとき、あなたがひとりでチラシを配る場合、1日の売上は最大で6000円です。たしかにこれでは儲かりません。

そこで、複数の企業からチラシ配布を依頼されていたらどうでしょうか。たとえば、同じ単価、同じ配布数で計算した場合でも、3社から依頼されていたら1万8000円、5社から依頼されていたら3万円です。

このように、**複数の企業からチラシ配布の依頼を受け、効率的に配布していく**のが「併配」です。配布作業に慣れるまで手間はかかりますが、依頼企業が増えるにつれて、売上がどんどん増えていくのが強みです。

さらに、アルバイトスタッフを雇ったらどうなるでしょうか。たとえば、5社の併配をしたとして、スタッフの人数が5人であれば15万円、10人であれば一気に30万円に跳ね上がります。

「1枚6円のチラシを配って年収5000万円」を実現するカラクリ

さて、1日の売上が30万円だったとして、1カ月に20日稼働したら、月の売上は600万円、年間の売上はなんと7200万円になります。アルバイトスタッフに支払う給料（時給）を差し引いた粗利が7割だとしても、5000万円を超えるのです。

ちなみに、アルバイトスタッフへの支払いは、1枚目4円、2枚目2・5円、3枚目2円、4枚目1・5円、5枚目1円などと区切ることも可能です。そうすることで、お互いに納得できる価格で仕事ができます。

実際に計算してみましょう。5枚同時配布の場合の受託金合計は「1枚6円×5＝30円」です。アルバイトスタッフへの支払いは、1回あたり11円なので、1世帯につき19円が純利になる計算です。

これで1000世帯に配布すれば、アルバイトスタッフ1人あたり1万9000円の純利を得られことになり、10人いれば1日の利益は19万円です。月に20日間稼働し、年間240日稼働なら、4560万円の利益が可能となります。

この数字は、アルバイトスタッフのみで得られる利益です。当然、オーナー夫婦も一緒にチラシを配布すれば、その分はすべて利益に上乗せされます。ガソリン代などその他の諸経費を差し引いても、非常に高収益のビジネスであるとおわかりいただけるでしょう。

これが、1枚6円のチラシを配って年収5000万円を実現できるカラクリです。

10人スタッフを集めれば、1日30万円稼げる

ポスティングビジネスで年収5000万円を実現できる仕組みについて理解していただいたところで、より詳細な数字について見ていきましょう。

たとえば、月商100万円をひとつの目標として設定したとします。その場合、どれだけチラシをまけばいいのでしょうか。実際に計算してみましょう。

先ほどと同じように、A4チラシ1枚を6円で受注した場合、10万円稼ぐには、約1万6667枚まけばいいこととなります。1世帯に1枚のチラシをまくとしたら、約1万6667世帯を回れば10万円の売上となります。

ただし、これはあくまでも単配での計算です。2枚のチラシを併配するのであれば8334世帯に、3枚のチラシを併配するのであれば5557世帯に配ればいいこととなります。**併配すればするほど、省力化が可能**となるのです。

加えて、アルバイトを雇って配れば、支払う時給分だけ利益は少なくなるものの、3枚併配による5557世帯が現実的になります。

たとえば、自分と妻と、アルバイトスタッフ4名で配れば、ひとりあたり約926枚。1000枚もありません。

このように計算してみると、1日10万円売り上げ、アルバイトスタッフに支払う時給を勘案しない月商ベースだと、わずか10日ほど稼働すれば達成できてしまいます。時給を勘案した利益ベースでも、20日ほどで月商100万円が見えてきます。

会社員として給料をもらう場合はもちろん、他のビジネスを行なう場合でも、月商100万円を達成するのは、決して容易ではありません。単純に考えて、100円のものを1万個、1000円のものを1000個売らなければ、達成できない数字です。

現状、年収1000万円を得ている人は、日本人の5%ほどであると言われています。もちろん、試算方法によって前後する可能性はあるものの、100人中たったの5人しか実現できないのが、年収1000万円という水準です。

それがポスティングビジネスであれば、月商100万円であっても、容易に達成できてしまう――。

そこに、ポスティングビジネスならではの優れた仕組みがあるわけです。10人スタッフを集め、1日30万円稼ぐことも夢ではありません。

ビジネスの規模も自由自在にカスタマイズ可能

アルバイトスタッフを雇わず、自分たちだけで気軽にチラシを配るだけでも、ビジネスは十分に成り立ちます。また、アルバイトスタッフを複数人雇い、事業規模を大きくしていくことも可能です。

そのように、ビジネスの規模感や金額を柔軟に選択できるのも、ポスティングビジネスの利点であると言えそうです。各人が目指している水準に合わせて、事業そのものをカスタマイズしていけばいいのです。

個人的には、数人のアルバイトスタッフを雇い、月20日前後稼働して、無理なく月商100万円や年商1000万円を達成するのがいいと思います。やはり、**続けていくことが大事なので、無理のない範囲で目標を定めるのがベスト**です。

もちろん、これはあくまでも副業としての水準なので、本業としてしっかりと取り組むのであれば、より高い収益を上げたり、稼働日数を限定させたりすることも可能です。そのあたりは、個人の裁量次第となるでしょう。

アルバイトスタッフの管理やチラシの配り方については、第7章で詳しく解説していますが、いずれも特別難しいことではありません。基本をきちんとマスターしておけば、誰にでもできることです。

誰にでもできるビジネスで、無理することなく月商100万円や年商1000万円を実現できる。そのようなビジネスが、他にあるでしょうか？

私は、ポスティングビジネスだけではないかと思っています。まさに、**ブルーオーシャンのビジネス**です。

コストゼロ・リスクゼロで始められる

ポスティングビジネスのいいところは、併配によって効率的に稼げることだけではありません。

その他にも、副業・本業として取り組むメリットがたくさんあります。

たとえば、**着手するのに必要なコストはほとんどありません**。私自身、もともと所有していたパソコンを使い、自宅アパートをオフィスにしてスタートしています。ポスティングビジネスを始めるにあたり、改めて用意したものは特にありません。

もちろん、私の場合はゼロから集客しなければならなかったため、最初にランディングページを制作する必要がありました。ただ、持っていたパソコンを使って自分で制作したので、費用はかかっていません。

ランディングページから集客できるようになると、高い反響が得られるようなポスティングを心がけて実践し、さらにクライアントには毎日日報を送るなどの工夫も重ねて、少しずつ信頼を獲得していきました。

きちんと反響が得られ、しかも配布状況が日報として報告されていれば、クライアントは安心して任せてくれます。満足度が高くなり、翌月、さらに翌月と、契約を更新してくれます。そのようにして、徐々にクライアントが増えていきます。

毎月のように任せてくれるクライアントが増えれば増えるほど、ポスティングビジネスは安定化します。1社から得られる売上はほぼ一定なので、クライアント数を増やせば増やすほど、それだけ収入も多くなるためです。

ポスティングビジネスで成否を分ける重要ポイント

ポスティングビジネスで重要なのは、**リピートを獲得し続ける**ことに集約されます。通常、あらゆるビジネスにおいて、リピートを得るのは大変なことです。しかしポスティングビジネスの場合、いくつかの要点さえ押さえておけば、それが可能となるのです。

その要点とは、**「ドアポストへのチラシ投函」「日報の送信」「ブログの更新」**など、いずれも慣れてしまえば簡単なことばかりです（のちほど詳しく解説します）。そのような行動を愚直に行なえるかどうかが、ビジネスの成否を左右します。

どのビジネスでもそうですが、結果的に、こうした**小さな行動を疎《おろそ》かにしない**人ほど、成功しています。ポスティングビジネスも同様で、やるべきことをやった人は、月商100万円も夢ではないのです。

特にポスティングビジネスの場合、成果を出し続ければ、前月より受注が減るなんてこともありません。飲食店や他の小売店のように、季節や気温、トレンドなどによって売上が激しく増減することもないのです。

客足に左右されやすいという要因は、客商売をしている人にとってつねに課題となります。いかに安定的に集客できるかをいつも考えなければなりません。

そうした不安がない点も、ポスティングビジネスの魅力です。

さらに、**集客が安定化しやすい点は、広告宣伝費の支出という点からも評価できます**。もともと集客は、ランディングページ1枚からスタートしているため、他のビジネスとは比較にならないほど負担がありません。

もし、集客できずに失敗してしまったとしても、制作したランディングページの時間と労力が損失になるだけです。しかも、フランチャイズでポスティングビジネスを始める人の場合、そのような手間ひまをかける必要すらないのです。

まさに、コストゼロ・リスクゼロで行なえるのがポスティングビジネスの醍醐味です。

正しい方法でチラシを配り、愚直に活動しつつ、リピート客を獲得して安定的にビジネスを展開していきましょう。

ポスティング以外のキャッシュポイントもつくれる

ただチラシを配るのではなく、多くの反響と信頼を獲得しつつ、併配やアルバイトスタッフも活用しながら事業を展開していけば、これほど効率的に儲かるビジネスは他にありません。**ポスティングビジネスは、誰がやっても儲かる事業**なのです。

しかも、自分自身のがんばりによって、あるいは創意工夫によって、さまざまな方向に事業を拡大していくこともできます。

たとえば、パソコンを使ったチラシ制作が得意な人であれば、**チラシのデザイン**から受注することも可能です。

デザインから受注すれば、1枚6円という配布単価より収益が多くなります。もちろん、その分実働しなければなりませんが、利益が大きくなれば、配布枚数や時間を短縮しても十分に稼ぐことが可能となります。

さらに、**印刷会社とタッグを組む**ことで、チラシの作成から印刷、配布までを一本化すれば、ビジネスの規模そのものを拡大することもできるでしょう。そうなると、副業というより本業として大きく稼げます。

このように、ポスティングビジネスというのは、その構造から考えてみても、非常に優れたものであるとわかります。仕組みがきちんと整っているため、誰がやってもうまくいきやすいのです。

他の副業ビジネスと比較してみた

そして何より、きちんと結果を出したうえで、日報の送信などを怠らなければ、確実にクライアントから感謝されます。お客さまに喜んでいただけることは、「この仕事をしていた本当によかった」と心から思える瞬間になります。

やはり、どんな副業をするにしても、自分が楽しめなければ長続きしません。

どれほど効率的に稼げる仕事でも、どこかに後ろめたさがあったり、あるいは仕事そのものに意義を感じられなかったりすれば、モチベーションが下がってしまいます。
アンケートモニターやポイントサイトの利用、ミステリーショッパー、クラウドソーシング、せどりやアフィリエイトなど、世の中にはさまざまな副業があるものの、その多くはあまり効率的に稼げるとは言えません。

たとえば、**アンケートモニター**をする場合、指定された商品を使用する時間や、感想を書いて提供する労力が求められますし、報酬もそれほど多いわけではありません。また、感謝されるシーンも限定的でしょう。

あるいは、**ポイントサイト**などを利用して稼ぐ場合も、個人情報の提供や入力の手間が必要など、稼ぐという意味においてはハードルが高いのです。時間や労力が必要という点では、**ミステリーショッパー**も同じでしょう。

では、**クラウドソーシング**の活用はどうでしょうか。
クラウドソーシングとは、インターネット上で業務の受注と発注が完結できる仕組みのことで、入力などの軽作業からデザイン、プログラミング、ライティングなど技術力が必要なものまでさまざまです。

ただ、いずれにしても、高いスキルがなければ時間と労力が必要となるのは同じです。むしろ、時間のかかる作業を薄給で依頼しているケースも多く、思ったほど稼げないのが実情でしょう。

せどりについても同様です。

オークションサイトや**フリマアプリ**を活用したり、あるいは**リサイクルショップ**などでせどりをしたりしている人もいますが、きちんと稼げている人はごくわずかしかいません。やはり、それなりの知識とテクニックが必要なためです。

アフィリエイトも同じで、ホームページ制作や運用の技術、さらにはＳＥＯ対策やデザインなどにも精通していなければ、アフィリエイトで稼ぐことはできません。このように他の副業について知れば知るほど、ポスティングビジネスの優位性が浮き彫りとなります。

なぜ「こんなに儲かる仕事」をやらないのかわからない——安定した収益構造

ビジネス的な観点から、ポスティングビジネスの利点についてさらに掘り下げてみましょう。

まず、私がビジネスとして優れていると感じるのは、**チラシのデザインから印刷、さらには印刷所からポスティング会社までの配送費など、そのすべてをお客さまが持ってくれる**ことです。これにより、収益構造が安定的なものとなるのです。

端的に表現すると、ポスティング会社が提供しなければならないのは、チラシを配るための労力だけです。つまり、**支出するべき費用は、労務費（人件費）に集約されることとなります**。その他はすべて、お客さまが支払ってくれるのです。

ビジネス経験があまりない人は、このような収益構造もあまりピンとこないかもしれません。しかし、そのビジネスに必要な費用の大部分をクライアントが持ってくれるということは、非常に重要なことなのです。

たとえば、飲食店を経営する場合で考えてみましょう。飲食店を経営するには、場所代としてのテナント料や設備機器、食材などの材料費、さらには人件費も支出しなければなりません。しかもそれらは、ほぼ売上に関係なく発生します。

もし、その飲食店がうまく集客できなかったどうなるでしょうか。支出した費用を回収できないばかりか、人件費や水道光熱費等を捻出しなければなりません。さらに赤字が膨らめば、首が回らなくなってしまうでしょう。

そうしたリスクもあるのが、通常のビジネスです。純利率が高いと言われているクリーニング業や理美容業界でさえ、薬剤や設備機器、さらには店舗の維持費用がかかります。その点、どうしたってリスクは避けられません。

一方、ポスティングビジネスの場合、そうした費用の大半をクライアントが支出してくれます。**チラシさえきちんと配っていれば、他の支出を気にすることなくビジネスが回っていく**のです。

加えて、日報の送信やブログの更新など、中長期的に必要となる施策を疎かにしていなければ、ビジネスは自然に成長していきます。そう考えると、いかにポスティングビジネスが安全なのかおわかりいただけることでしょう。

スタッフの管理も難しくない

ちなみに、アルバイトスタッフを雇ってポスティングビジネスを行なう場合、スタッフの管理がネックになるのではないか、と心配される方もいるでしょう。しかし実際は、特段、難しいということはありません。

会社などでマネジメントの経験がある人はもちろん、そうでない人でも、しばらく管理していれば慣れていきます。結局は、人と人とのやりとりなので、相手を思いやる気持ちがあれば、問題なく対処できます。

私自身、過去にアルバイトスタッフを管理、マネジメントすることは苦手でしたが、それでも問題なくこなせています。やるべきことも、最初のレクチャーに加えて、出勤管理と配布状況の把握ぐらいなので、負担もありません。

ちなみに、第7章で詳しく紹介していますが、アルバイトを集めるのも簡単です。企業のチラシを配布するのに合わせて、スタッフ募集のチラシを併配すれば、ほぼ問題なく集めることができます。しかも、同じ地域に住む人が集まってくれます。

チラシの配布は地域を区切って行なうため、そこに住む人に配ってもらえば、最初から土地勘があることも多く、効率的に取り組んでもらえます。

このように**ポスティングビジネスは、最初から最後まで、仕組みが整っている**のです。

ポスティングビジネスなら、さまざまな稼ぎ方が選択できる

ポスティングビジネスでは、さまざまな稼ぎ方が可能です。

自らの現状を踏まえたうえで、どのくらいの収入を、どのくらいの期間で得たいのかを考え、最適な方法を模索してみるといいでしょう。

たとえば、「副業で年収３００万円稼ぎたい」という人のパターンと、「本業で１０００万円稼ぎたい」という人のパターンで考えてみます。

①「副業で年収３００万円稼ぎたい」パターン

まずは、副業で年収３００万円稼ぐ方法を検討してみましょう。

副業年収３００万円のコースは、１枚あたり６円でチラシを請け負ったとして、５社から仕事を獲得できたとします。アルバイトスタッフへの給料は、１枚あたり４円、２枚目からは２・５円で計算します。

すると、５社を併配した場合の1世帯あたり利益は「30円〜14円＝16円」となります。１日あたり１０００世帯を回ってもらったとして、１万６０００円の利益です。これを1カ月20日稼働で行なうと、32万円の利益となり、副業年収３００万円を超えてきます。

もっとも、最初から5社のクライアントが獲得できるとは限りません。そこで、３社を自分と妻だけで回る場合も考えてみましょう。

同じく1日あたりひとり１０００世帯だとして、１日の利益は「６円×３社×２０００世帯＝３万６０００円」です。

２人で配って１日あたり３万６０００円稼げるのであれば、７日で月25万円強、つまり年収３００万円に届きます。７日ということは、土日を使って２人でチラシを配れば、副業だけで年収３００万円達成できることとなります。

このように、たとえクライアントが1社しかいない状況でも、**アルバイトを使わずに副業だけで年３００万円稼ぐことは可能**です。そう考えると、ポスティングビジネスによる年収３００万円のハードルは、それほど高くないと言えそうです。

②「本業で1000万円稼ぎたい」パターン

では、本業として年収1000万円を目指す場合はどうでしょうか。同じく、クライアントが3社だった場合でも、夫婦で取り組めば1日あたり3万6000円稼げるので、月24日稼働で年収1000万円が見えてきます。

もちろん、アルバイトスタッフを雇って取り組めば、より楽に年収1000万円に到達することが可能です。その分、アルバイトスタッフの管理やマネジメントは必要ですが、本業として取り組めば、人数が増えても対応できます。

配れば配るほど稼げるビジネス

こうした計算例からもわかるように、**ポスティングビジネスの収益は非常に単純な構造であり、かつ明確なもの**となっています。わかりやすい分、どうすればより稼げるのかも明らかです。基本的には、配れば配るほど稼げます。

あとは、ポスティングビジネスに取り組む人が、どのような働き方でどのくらいの収入を得たいのかにかかっています。すべての人が、とにかくたくさん稼ぎたいと思っているわけではないでしょう。状況に応じて、柔軟に対応すればいいのです。

それができるのも、ポスティングビジネスのいいところです。

必要な額を必要なだけ、安定的に稼いでもいいですし、稼働日数を多くしたり、少なくしたりすることもできます。アルバイトスタッフへの外注も臨機応変に対応できます。

副業として取り組むことを想定すると、ウィークデーは本業に励み、土日はポスティングというイメージでしょうか。土日だけ着手しても、夫婦で複数社のチラシを配れば、それだけで年収300万円に届くというのはすでに述べたとおりです。

年収300万円というと、月収で25万円。平均年収が400万円前後であることを考えると、副業としては十分すぎる水準ではないでしょうか。それができるのも、ポスティングビジネスならではの強みです。

こんな人が向いている！
ポスティングビジネスで成功する人の特徴

このように成功しやすいポスティングビジネスなのですが、残念ながら、途中でやめてしまう人もいます。

唯一、ポスティングビジネスに向いていない人がいるとすれば、継続的に取り組めない人でしょう。

いくら「チラシを配るだけでビジネスが成立する」とは言っても、途中でやめてしまえば意味がありません。あくまでも、継続的にチラシを配布するなど、**あたりまえの仕事を愚直に行なえる人**だけが、成功できるビジネスモデルなのです。

ただそれは、他のあらゆるビジネスでも同じではないでしょうか。難易度や必要となる手間、時間、労力、さらにはスキルや知識などは異なるものの、失敗する要因の大部分は、途中でやめることにあると思われます。

特にインターネットを活用したビジネスの多くは、成果がなかなか上がらず、結果が出る前にやめてしまう人が大半です。アフィリエイトなどはまさにそうで、継続できているトップ数パーセントの人だけが、多くの利益を得ています。

その点、ポスティングビジネスであれば、成果が見えやすいのでおすすめです。受注さえできてしまえば、そして適切な方法で着実に配り続けていれば、結果は自ずとついてきます。少なくとも、配布した分の報酬は問題なくいただけます。

「継続」に加えて、心がけていること

もちろん、ただ配るのではなく、コンスタントに集客およびチラシからの反響を得ていくためには、さらにちょっとした工夫が必要となります。私はそうしたテクニックを経験から学んできました。

詳細なテクニックについては後の章で詳しく解説していますが、私の場合、きちんとポスティングビジネスを継続することに加えて、以下のような活動を心がけています。

①反響が得られるポスティングを実施する。
②クライアントへの日報を毎日送信する。
③ブログの更新という愚直な仕事をコツコツ行なう。

反響が得られるポスティングとは、「ドアポストへの投函」を徹底することにあります。

実はポスティングは、これだけで劇的に成果が上がるのです。チラシで反響が得られていないケースの大部分は、ここに集約されます。

ドアポストへの投函というと簡単に思われるかもしれませんが、これを徹底することは決して容易ではありません。特に集合住宅などにチラシを配る場合、どうしても集合ポストに入れたくなるものです。

実際に配ってみるとわかりますが、集合ポストにチラシを配ると、あっという間に数百～1000枚ほどまけてしまいます。100世帯が住む団地を10回れば、それだけですぐに1000枚です。

しかし、そのすべてをドアポストに投函するとなると、話はそう簡単ではありません。エレベーターがあるマンションならともかく、古い団地などであれば、階段を何度も上り下りしなければならないのです。

しかも中には、人が住んでいない部屋もあります。初見では判断できないことも多く、登りきった後に人が住んでいないとわかったときの徒労感は、言葉にできません。それでも、きちんと確認する努力が必要です。

このようにポスティングビジネスには、忍耐力が必要な部分もあります。また、持続するための体力も必要でしょう。

その点、**忍耐力と体力があり、物事をコツコツ行なえる人**であれば、向いている仕事であると言えそうです。

ポスティングビジネスはまさに、「継続は力なり」を地でいくようなビジネスなのです。

第3章

ネット広告時代のチラシの強みを知っておく

ネット広告にはない、チラシ広告のメリット

第3章では、ポスティングを利用する企業の側から、チラシによる周知拡大や集客などの効果について、ひいてはポスティングビジネスの優位性について検証していきましょう。現代でも、チラシは重要なツールとして位置づけられていると理解できるはずです。

この章で書かれている内容は、**ポスティングビジネスを行なうにあたって、クライアントを口説くうえでのプロフェッショナルな基礎知識としてご活用いただける**と思います。ぜひお付き合いください。

そもそも、あらゆる事業やビジネスは、顧客を集客しなければ成り立ちません。どんなビジネスでも、お客さまがいて初めて売上が得られるのであり、それが事業としての根幹であることは間違いないでしょう。

その点、「どのようにして集客を実現するか」というポイントは、すべての事業

者・経営者の悩みとなります。安定的に顧客を集客することができれば、それだけで事業の8割は成功したと言っても過言ではないでしょう。

現状、集客にはさまざまな方法があります。

王道として、テレビやラジオ広告、新聞などのマスメディアが挙げられますが、近年の主流は、インターネット広告に変わりつつあります。インターネットを活用し、多くのユーザーに見てもらうことで集客しているのです。

ただ、ネット広告は本気でやるとなると、予算もかなりかさみます。また、マーケティングの知識やノウハウも必要で、素人がいきなりやってもうまくいくものではないというのが現実です。

一方で、チラシを配布するだけであれば、今あるリソースでまかなえます。問題となるチラシの配布に関しても、外注してしまえば手間はかかりません。そしてそのようなニーズは、各地域に現存しているのです。

たしかに、インターネットが普及したことで、広告のあり方は大きく変わりました。しかし、地域密着型の集客手法は、今も昔と大きく変わっていません。むしろ、**ポスティングのチラシは、地域密着型の集客手法にはいまだに効果的**です。そういった事情があるため、ポスティングビジネスは引き続き必要とされているのです。

また、ターゲットも、商圏エリアにピンポイントにリーチする点において、チラシ広告は効果的だと言われています。ネット広告ではリーチが難しいインターネットを使わない層にも届けることができます、

ポスティングのチラシが効果的な業種
——地域密着系、デリバリー系

全国ブランドのデリバリー企業であれば、大々的にテレビCMを打つことも可能ですが、そうでない中小企業の場合、やはり頼れるのはポスティングです。

ポスティングによって各世帯に届けられる広告は、徐々に記憶へと浸透し、いざというときに利用してもらえる可能性が高まります。特にピザや寿司チェーンなど、**デリバリー系**のチラシは効果絶大です。

たとえば、「ママが同窓会だから今夜は出前でも取ろう」となったとき、「そういえばこんなチラシがポストに入っていたな」と、購買意欲を喚起させることにつながり

ます。

また**不動産業**などであれば、毎月のポスティングによって、必要なタイミングで思い出してもらえます。たとえば、若夫婦に第一子の懐妊がわかったタイミングで、「そういえばあのハウスメーカーのチラシが入っていたな」と思い出すわけです。

このようにチラシは、**インターネット広告ではリーチできない層にもアプローチできるなど、独自の効果を発揮する広告媒体**なのです。特に近年、アナログでありながら効果が高いチラシは、改めて注目されています。

狙ったターゲットに対して確実に届けられるチラシは、これから先も、必要な広告ツールであり続けるでしょう。だからこそポスティングビジネスは、副業としても本業としても、着手するべき価値があると言えるのです。

ネット広告時代だからこそ、チラシ広告が再注目されている

広告と言えばインターネット広告が主流になりつつある中、実は、チラシによる集

客が見直され始めています。特に、**地域性が高い事業を行なっている企業にとって、ポスティングは欠かせない集客手法**なのです。

たしかにインターネット広告は、今や誰もが持っているスマートフォンからいつでもアクセスできるため、即時性があります。また、閲覧される可能性も高いため、広告媒体として優れていることは間違いありません。

しかし、あくまでも大多数の人に向けて配信するのがメインであり、また流れていく広告であるため、直接的な行動につながるとは限りません。そのままネットで注文できるECサイトへの誘導ならともかく、実店舗の利用につながるかどうかは未知数です。

一方で、**チラシの場合は、工夫次第で手元に残してもらうことが可能**です。

たとえば、店屋物のメニューなどは、どこの家庭にも1つや2つあるものです。いざというとき、すぐに注文できるからです。

特に、**インターネットに親しんでいない高齢者**などの場合、インターネット広告ではなく、チラシなどの直接的な媒体でなければアプローチできません。そして、私たちが思っている以上に、そのような人々は多いのです。

　また、テレビやラジオのCMについても、直接的な効果という点ではチラシに及びません。もちろん、大多数の人に周知させる効果は非常に大きいのですが、それが来客につながるとは限らないからです。

　むしろ、テレビやラジオなどのマスメディアを使って周知拡大しつつ、チラシによって来客を促すのが、来客数を増やすために効果的でしょう。つまり**チラシは、マスメディアの広告を補完する役割を担っている**のです。

　しかもチラシは、捨てられない限り、紙として残り続けます。出前のメニューなど、一定の役割を担うチラシは、引き出しなどに取っておいてもらえる可能性もあります。その点、ずっと残り続けることになります。

　一方で、テレビやラジオ、さらにはインターネット広告に関しても、保存されることなく流れていってしまいます。紙媒体を利用したチラシと比較した場合、ストックではなくフローとしての広告となるわけです。

　事実、資金力に余裕のある大手企業であっても、マスメディアの広告だけしか使っていないわけではありません。たとえば、**大手デリバリー企業などは、マスメディアとチラシ、両方を使っています。**

その理由は、それぞれに役割が異なり、いずれかを使うのが効果的なのではなく、どちらも使うことで効果を高められると理解しているためです。そして、チラシが地域に愛されていることも知っているのでしょう。

さらにチラシは、**狙ったところに直接、届けることができます**。ドアポストに投函するのが前提にはなりますが、ほぼ確実に、手元へと届けることができるのです。それは、流れていくマスメディア広告にはない特徴です。

どのようなチラシをつくるかにもよりますが、より地域の人々に愛されるチラシをつくることができれば、それらは長く保管されることとなります。だからこそチラシは、地域密着型ビジネスに欠かせない集客媒体と言えるのです。

インターネット広告が伸びている現代においても、チラシが根強く使われている理由はそこにあります。そしてこれからも、**地域密着型のビジネスがなくならない限り、チラシもまた使われていく**ことでしょう。

ダイレクトレスポンスマーケティングでのチラシの役割とは

集客について考えるとき、重要な概念に「ダイレクトレスポンスマーケティング」というものがあります。ダイレクトレスポンスマーケティングとは、各種広告媒体によって情報を発信し、その反応を受けて商品やサービスを販売していく手法です。

このダイレクトレスポンスマーケティングにおいて、カギを握るのがチラシです。何らかのレスポンスが得られるチラシを投函し、その返答に対してアクションをとりつつ、消費行動を促していくのがポイントとなります。

テレビやラジオ、あるいはインターネット広告というのは、マスに対して訴えることができる反面、その後の行動を促すのは容易ではありません。繰り返し放送することで認知度は高められるものの、行動に移してもらえるかどうかは未知数です。

一方、**ダイレクトレスポンスマーケティングでは、知ってもらうことに加えて、行動してもらうことも目指します。**

その場合の具体的な行動は、問い合わせや資料請求となりますが、いずれにしても、行動から消費へとつなげることが可能となるのです。

そこで重要となるのがチラシです。よくあるケースとしては、クーポンや期間限定割引によって集客に結びつけたり、あるいは問い合わせにつなげたりなど、集客を一歩前に進める役割を担ってくれることになるわけです。

営業マンとして働いてくれる「チラシ」

ダイレクトレスポンスマーケティングについて、さらに掘り下げて見ていきましょう。

その名のとおり、ダイレクトレスポンスマーケティングの強みは、**直接的な反応（反響）が得られる**ことにあります。これは、非常に強力な集客ツールとなり得ます。

なぜならあらゆるビジネスは、顧客情報を得ることによって加速するからです。たとえば、見込み客のメールアドレスがわかれば、メールマガジンを打つことができます。そこに、見込み客との接点が生まれるわけです。

　また、見込み客の住所がわかれば、ダイレクトメールを送ることも可能です。クーポン付きのダイレクトメールを活用すれば、直接的に集客を促せるだけでなく、定期的にアプローチすることもできるようになります。

　最近ではあまり行なわれなくなっていますが、電話番号を入手することで、電話営業をすることもできます。ただ、しつこい電話は嫌がられる風潮にあるため、やはり現代はメールやダイレクトメールなどが主流となるでしょう。

　そのように、**見込み客の情報を得て、次の営業活動につなげていく**ところにダイレクトレスポンスマーケティングの強みがあります。リストの取得から教育、販売までの流れをトータルで管理でき、集客から創客までコントロールできるようになるのです。

　では、**顧客情報が得られていない最初の段階**では、どのようにアプローチすればいいでしょうか。資金力がある企業であれば、リストを購入するなどの案も検討できますが、予算が限られている中小企業はそうもいきません。

　そこで、**活用されるのがチラシ**です。反響が得られやすいチラシをつくり、ポスティングによって投函すれば、ダイレクトレスポンスマーケティングの流れをつくることができます。その点でも、チラシは重要なツールと言えるのです。

マーケティング活動の全体像を踏まえたうえで、チラシを上手に活用すれば、それらは優秀な営業マンと同等の働きをします。**タッチポイントが24時間365日**あることを考えれば、営業マンよりよく働くと言えるかもしれません。

いずれにしても、チラシを上手に活用している企業ほど、こうしたマーケティングの仕組みを理解しています。昔ながらの手法として認識するのではなく、現代なりの使い方を模索すれば、まだまだチラシの可能性を広げられるでしょう。

集合ポストとドアポストでは、反響は3～5倍の差が出る

ポストに投函するチラシの効果を最大化させるためには、やはり**ドアポスト**に入れなければなりません。集合住宅に設置されている**集合ポスト**に入れてしまうと、読まずに捨てられる可能性があるためです。

事実、マンションによっては、チラシ用のゴミ箱が設置されているところもありま

す。そのため、よく中身を確認しないまま、まとめて捨てている人もいることでしょう。そうなると、いくら魅力的なチラシでも効果はありません。

一方で、ドアポストに投函するとどうなるでしょうか。少なくとも、チラシを処分する前に、その内容を確認することとなります。中身を見る機会があるということは、それだけ来店につながる可能性も高まります。

わずかな差に思えるかもしれませんが、情報が氾濫している現代において、手に取ってもらえるかどうかの違いは大きいのです。ひとつひとつの小さな違いが、各企業、各店舗の売上となって表れます。だからこそ、ドアポストへの投函が大事なのです。

よくある誤解として、「1階であればドアポストでも集合ポストでも変わらないのではないか」というものがあります。しかし、たとえ1階の住居であっても、集合ポストとドアポストでは、反響が異なります。

やはり、**ドアポストに投函されたときの特別感**というのは、一般的な郵便物が集合住宅に届くということからも、決して小さくないのです。他の郵便物に混ざってしまえば、それだけチラシの印象が薄まることは否めません。

もちろん私たちも、オートロックの住居に侵入し、無理にドアポストへ投函するということは絶対にありません。**可能ならば許可を得たうえで、ドアポストに投函**しています。そうした配慮も、ポスティング業者には必須でしょう。

ちなみに、反響率の違いで言うと、ドアポストと集合ポストでは3〜5倍ほど違います。それだけの違いがあることを考えれば、集合ポストにチラシを投函することは、反響が得られないとわかっていながら入れているのと同じです。

たしかにドアポストにチラシを投函するのは大変ですが、それだけ得られるものもあります。重要なのは、徹底できるかどうかです。そのチラシをひとりでも多くの人に届けたいという気持ちが、結果に結びついていきます。

新聞の購読率の低下が高めるポスティングチラシの優位性

日々の消費行動を支える主婦にとって、チラシが重要なツールであることは明らかです。ただ一方で、これまで主流であった新聞折込広告には、かつてのような効果が失われつつあります。その背景には、新聞の購読率低下があります。

現状、新聞購読率は低下し続けています。一般社団法人日本新聞協会の調査によると、2000年に5300万部であった新聞の発行部数は、2018年時点では3990万部と、4000万部を割り込んでいます。

1世帯あたりの部数で見ても、2000年には1・13であったものが、2018年には0・7まで落ち込んでいます。しかもこれらの数字は、年々、悪化しているのです。つまり、それだけ新聞を購読している人が減少していることとなります。

日々、ポスティングを行なっている私からすると、新聞購読者の減少を肌で感じることができます。たとえば、朝から軒並み配布（ローラー配布）でポスティングを行なっていると、群馬県伊勢崎市の場合、新聞が投函されている家庭は10軒中3軒ほどでしょうか。

ポスティングする前に新聞を引き上げているケースを加味しても、3～4割ほどというのが実感です。一軒家ではなく、ファミリー向けのマンションであれば10軒中2軒、単身者向けアパートであれば10軒中1軒ほどしかありません。

そのため、実情から考えてみると、**新聞を購読している家庭は全体の30%**ほどしかないというのが肌感覚です。これから先、新聞を購読する人というのは、複数紙を購読する人とまったく読まない人に二分化し、購読しない人が増えていくと予想されます。

そうなると、**折込チラシの効果が限定的になる**のも必然でしょう。日経新聞などの調査でも明らかなように、現状、新聞を購読しているのは富裕層が多いそうです。つまり、折込チラシにだけ頼っていると、一般の消費者にアプローチできません。

一方で、デリバリーをはじめとする**地域密着型ビジネスの多くは、その地域に住む一般の人々を対象**としているはずです。いくら折込チラシを活用しても、効果が得られないのは当然と言えば当然なのです。

ちなみに、2019年10月の消費増税において、新聞は軽減税率の対象となっています。ただ、軽減税率の対象になっていることが、購読者を増やすことにつながるとは考えられません。やはり新聞購読率は、今後も厳しい状況が続くと予想されます。

企業の広告戦略としても、折込チラシのみの戦略はとらないのが得策です。折込チラシを使うにしても、**折込チラシとポスティングを併用する**など、それぞれの効果やターゲットを踏まえたうえでの対応が求められます。

ただし、あえて述べておくと、ポスティングにはどうしてもマンパワーが必要となります。そのため、明後日の特売日に合わせて、今日チラシをまくというのでは間に合いません。そうした即効性を求めるのなら、折込チラシが有利です。

デリバリーなどとは異なり、スーパー系のチラシはほぼ折込チラシであるのは、そこに理由があります。また、チラシによって週末の集客を加速させているユニクロなども、同様に折込チラシを使用しています。

他方、継続的に投函することによって利用を促進する、**ピザや寿司、店屋物**などのチラシはポスティングが有利ですし、また**地域密着型の不動産業や整骨院・整体院**なども、繰り返しポスティングすることで反響が見込めます。

それぞれの効果やターゲットを見極めつつ、適切に利用していくことが、最も高い効果を生むはずです。チラシの内容も含めて、そのような点も考えつつ利用していくことが、チラシの効果を最大化させることでしょう。

第4章

苦手な人と仕事しないでOK、人見知りでも口ベタでもうまくいく

――ポスティングビジネスならではのメリット

もうイヤな仕事を無理にする必要はない

第4章では、副業や本業として事業を行なう際に重要となってくる「継続性」という観点から、ポスティングビジネスの優れている点について解説していきます。

私はかつて、建設業界で20年近く現場代理人、営業、段取り師を経験してきましたが、当時の活動を踏まえると、次のような点に課題を感じていました。

◎遠い現場であっても、付き合い上断ることができず、赤字が膨らんでしまう。
◎選挙が近いときには、総決起集会への参加強制を余儀なくされる。
◎現場監督の自己都合とそのときの気分によって、仕事の進め方を変更せざるを得ない。
◎お歳暮やお中元など、取引先へのあいさつに手間も時間もお金もかかる。
◎現金化までに時間がかかる手形での支払いが主流である。

◎手形での支払いは、相手先が倒産したらただの紙くずになってしまう。
◎「最終値引き価格（ネット価格）はいくら？」など、同業者よりも安くしないと仕事がとれない。結果的に、黒字の現場はごくわずかしかない。
◎ひとりで現場管理や営業までやらなければならず、マルチタスクで多大なストレスに。

これらはあくまでも、一例にすぎません。

しかし、こうした問題点も、ポスティングビジネスであればすべてクリアになっています。だからこそ私は、自信をもってポスティングビジネスをすすめられるのです。

ポスティングビジネスならではの、「確実に稼げる」以外の4つのメリット

ポスティングビジネスには、今までお伝えしてきた確実に稼げるというメリット以外にも、多くのメリットがあります。ひとつずつ見ていきましょう。

①取引先や行動範囲を自分でコントロールできる

ポスティングビジネスであれば、付き合いなどで遠い現場を担当しなければならないということはありません。地域密着型のビジネスなので、ポスティングできる範囲に取引先を限定することも可能です。

②付き合いやしがらみがない

また、建設業などにありがちな選挙時の付き合いなども特にありません。業界ならではの慣習や慣例にとらわれることなく、伸び伸びと仕事をすることができます。業界のしがらみも特にありません。

ポスティングビジネスの主役は、事業に取り組む自分自身です。現場監督をマネジメントする必要もなく、アルバイト管理もそれほど難しくはありません。慣れてしまえば、それこそ誰にでもできます。

③安定かつ安心の収入が確保できる

収入を得るまでの流れについても、手形などを使用することなく、基本的には銀行振込です。取引先によって支払いサイトが異なるケースはあるものの、たいていは滞りなく支払われます。手形のように、現金化に時間がかかることもありません。

収入の確保というのは、あらゆるビジネスにおいて基本となります。基本であるともに、最重要項目のひとつです。そう考えると、スムーズに支払いが行なわれるという点において、リスクは少ないと考えていいでしょう。

④価格決定権を持てるので、赤字とは無縁

では、価格の設定についてはどうでしょうか。この点においても、ポスティングビジネスを行う事業者が決めてしまって構いません。もちろん、採算がとれる範囲にはなりますし、他社より下げても大きな影響はないでしょう。

むしろ、交渉の材料として、1枚あたり他社より1円低く設定するなどの手法をとれば、営業活動が楽になります。最初のうちはアルバイトスタッフを使わず、安く受注したうえで、実績を積み上げるのもいいかもしれません。

いずれにしても、赤字を我慢して受注する必要はありません。また、やるべきこと

も決まっているため、マルチタスクに苦労することなく、収益を安定化させながら事業を進めていくことができます。

このように、かつて私が経験した建設業とポスティングビジネスを比較してみると、向き不向きはともかく、より着手しやすいのはポスティングビジネスであるとわかります。ぜひ他の仕事とも比較してみてください。

特別な技術や才能はいらない

ポスティングビジネスを始めるにあたり、特別な技術を身につける必要はありません。

ポスティングの基本的なやり方をマスターし、時間内できちんとチラシを投函できるようになれば、それだけで一定の成果を上げられます。

また、何らかの才能がなければできない仕事でもありません。ポスティングする地域を歩き、ドアポストにきちんと投函できる体力があれば、それだけでできてしまいます。その点、多くの人が取り組めるビジネスなのです。

もちろん、最初からアルバイトスタッフを雇うのであれば、チラシを投函するスキルを身につける必要もありません。正しいチラシ投函のやり方を理解していれば、それだけで着手できてしまいます。

ただし、第7章で詳しく解説していますが、アルバイトスタッフの管理は適切に行なわなければなりません。不正をさせないために、適宜、投函状況をチェックすることも必要です。その際には、**正しい投函方法を熟知しておくことが重要**となります。

そのような基本事項を除けば、他の副業のように新しいことを覚えたり、特殊なITスキルの習得が必要だったりすることもありません。**学歴も職歴も、人脈も資金も不要**です。まさに、何もないところから身を起こせるのがポスティングビジネスなのです。

簡単にできるからこそ、注意したいこと

一方で、簡単にできてしまうからこその注意点もあります。

それは、**「チラシを投函すること」を目的にしてしまう**ということです。

ポスティングビジネスの目的は、1枚でも多くのチラシを配ることではありません。チラシを投函すること自体を目的にしてしまうと、とにかく早く配ることばかり考えてしまい、結果的に、楽なほうへと流されてしまいます。ドアポストではなく集合ポストに投函するなどは、まさにその典型例でしょう。

しかし、ポスティングビジネスの目的は、あくまでもチラシを投函することで反響を得ることにあります。いわゆるコンバージョン率を高める必要があります。

受注している企業の売上につながらなければ、投函していないのと一緒です。その点を忘れないようにしましょう。

また、アルバイトスタッフにチラシ配布を任せているだけだと、明らかに住んでいない人のポストに投函したり、チラシが半分以上外に出ている状態で投函したりすることもあります。そのあたりにも注意が必要です。

ちなみに、チラシをポストの中にすべて入れることを**「完全投函」**と言います。集合ポストではなくドアポストに投函するとともに、この完全投函もまた、反響を高めるために重要なポイントとなります。

投函の具体的なテクニックについては第6章で詳しく紹介していますが、簡単に触れておくと、完全投函によってチラシが外に出てしまったり、風で飛ばされたりすることがなくなります。つまり、確実に手に取ってもらえるのです。

ただ、**完全投函するためには、チラシを最後まで押し込まなければなりません。**そのため、半分だけしか入れていなかったり、場合によってはチラシ全体の3分の1ぐらいしか入れていなかったりすることも見受けられます。

弊社では、そのようなことがないよう、ドアポストへの投函とともに完全投函をきちんと徹底しています。だからこそ、しっかり成果がついてくるのです。こうした点を守れるかどうかも、ポスティング業者としての実力になるわけです。

ポスティングビジネスを始めるにあたり、特別な技術や才能はいりませんが、ちょっとした工夫を徹底する努力は必要となります。それができるかどうかによって、結果も変わってくるのです。

ビジネスが回り始めると、ウェブサイトから勝手に注文がくる

リピーターの獲得が成功要因となるポスティングビジネスは、ブログをはじめとするウェブサイトを適切に活用することで、さらに盤石《ばんじゃく》なものとなります。継続的に情報を発信し続けることで、より選ばれる事業者になることができるのです。

私の場合、もともとウェブサイトもブログもなく、ランディングページ1枚からスタートしています。そこで集客できるようになってから、更新できるブログへと切り替え、SEO対策などにも力を入れつつ、成長してきました。

インターネットの活用が欠かせない現代では、いかに検索順位を上げられるか、さらには維持できるかが重要なポイントとなります。そのため、SEO対策をきちんと行なうことは、ビジネスの成否を分ける要因にもなり得ます。

もちろん私も、最初からSEO対策ができていたわけではありません。お問い合わせをいただいたお客さまに対し、ひとつずつ丁寧に対応してきたからこそ、業績を安

定化させることができたのだと思います。

その点、ランディングページできちんと集客できたことが、その後につながってい
ったとも考えられます。

いずれにしても、ただ集客するだけでなく、持続的なビジネスへと発展させていく
ための工夫が求められるのです。

ブログやウェブサイトのマメな更新が、大きな差を生む

持続的なビジネスという観点で言えば、ブログやウェブサイトの更新は重要です。

フランチャイズとして取り組まれている方も、きちんと更新している人とそうでない
人では、集客に差が生じているように感じます。

もっとも、すべての人が収益力を高めたいと考えているとは限らず、一概には言え
ませんが、それでも**ブログの更新は大事だ**と思います。日々の更新作業は、検索順位
にも確実に影響を与えるため、その後につながっていくからです。

ちなみにブログの更新は、基本的に、**対策するSEOキーワード**を踏まえたうえで行ないます。

たとえば、目黒区でポスティングビジネスをしている方であれば、「目黒　目黒区、ポスティング」などの複合キーワードで上位表示を目指すわけです。

そのようなキーワードを意識してブログを更新し、アクセスが得られるようになると、コンスタントに注文が入るようになります。そうなれば、ビジネスは自然と回っていくのです。決して、難しい作業は要求されません。

ただ、ブログの更新に関しても、慣れるまでは忍耐力が要求されます。

最初のうちは書くネタがたくさんありますが、更新を重ねていくうちに、段々と書くべきことがなくなっていくためです。

そのような場合には、「◯◯さまのポスティングに行ってまいります」や「今日はくもりですが、雨が降らなければいいですね」など、ごく日常的なことを書いてもいいのです。

やはり大切なのは、継続することにあります。

ブログの更新も習慣になってしまえば、やらないほうが気持ち悪くなるものです。

そのぐらい習慣化できるまでは、いろいろと苦労を重ねながら、どうにか書いていくことが求められます。趣味のことを書いてもいいのです。

また、細かい工夫ではありますが、**ホームページのURLとブログのURLをリンクさせる**など、検索エンジン（グーグル）がSEO対策として評価しやすい方法を踏襲することも重要です。そのような点についても、学んでおくとベストでしょう。

必ずしも、ITについて詳しくなる必要はありません。基本的な仕組みを理解し、あとは愚直に更新していけばいいだけです。無理にたくさんの知識を身につけようとするよりも、コツコツできる人のほうが続けられるはずです。

稼げて健康にもなれる!?

ポスティングビジネスは、自分でチラシを配布する場合、体を動かすことになります。これにより、運動不足解消になり、健康な体を得ることができます。

運動をすると、「脳由来神経栄養因子（BDNF）」という物質が、脳の中で盛んに分泌されます。このBDNFが、脳の神経細胞（ニューロン）や脳に栄養を送る血管の形成を促します。

　これにより、内面から「自信」「充実感」「幸福感」などが湧き上がり、顔の表情にも表れます。その結果、体を動かすことが精神面の安定や幸福感をもたらし、さらには運動を継続できていることによる自信にもつながっていくのです。

　これもまた、ポスティングビジネスの大きなメリットと言えるでしょう。

　しかも**ポスティングならば、お金をいただきながら運動を継続することが可能**です。そのため、非常に効率的です。

　健康を維持したい人にも、ポスティングビジネスは最適です。また同じ理由から、アルバイトスタッフを雇ってポスティングビジネスを展開したい人も、そうしたニーズを喚起することで募集につなげることが可能です。

　仕事が健康につながるのは、見落とされがちなことではあるものの、継続性という観点からも重要なポイントです。お金を稼ぐだけでなく、健康維持や増進にもつなげられるのであれば、まさに一石二鳥です。

　体力を増やしたい、ダイエットしたい、日常的に運動を取り入れたいなどの動機でポスティングビジネスを始めてもいいのです。継続していくためにも、ぜひポスティングビジネスの健康効果に着目してみてください。

ポスティングする最適なエリア

ビジネスの継続性を損なう要因として挙げられる「飽き」という観点から考えても、ポスティングビジネスは優れていると言えそうです。事業者として取り組めば、日々、違う現場に行けるので、飽きがこないのです。

もちろん、チラシ配りそのものは、似たようなルートを同じように回るのが基本です。ただ、必ずしも一定のルートをたどらなければならないわけではなく、より効率的な配布を目指し、歩き方を変えてみるのもひとつの方法です。

さらに、事業者として営業活動をする場合は、それこそいろいろな店舗を回ることになります。その過程で、地域の状況についてより詳しく知ることができたり、あるいは知らなかった道を発見したりなど、楽しみも得られます。

私はかつて、建設系の営業マンとして、群馬から埼玉、都内などさまざまな現場へクルマで通っていました。しかし、ポスティングビジネスでいろいろなところへ行くと、そのとき以上におもしろいことがたくさんあります。

ポスティングビジネスで回るのは、おおむね事務所（自宅）から半径20km以内です。その圏内についてくまなく知ることができ、土地勘を養いながら、地域の状況や環境への理解も深まります。

知れば知るほど、自分の住んでいる地域への愛着も湧いてきます。それもまた、ポスティングビジネスの魅力と言えるでしょう。チラシ配布と付随して地域の防犯活動という意識を持てば、地域貢献にもつながります。

ちなみに、**半径20kmがポスティングビジネスの目安**となりますが、クルマを使えば1時間ぐらいの距離感となります。その中で、効率よくチラシを配布していくことが、ポスティングビジネスの基本となります。

もちろん企業の中には、「隣町でも配ってほしい」「エリアを拡大してほしい」といった要求をするところもあります。それらに対応するかどうかは事業者の判断となりますが、私自身としては、キリがなくなってしまうので断ることが多いのです。

やはり、半径20kmというエリアに限定してビジネスを展開するのが、ポスティングビジネスの王道です。エリアを区切ることで、その地域に詳しくなり、また土地勘も自然と養われてきます。

土地勘があるエリアでポスティングをしていると、効率よく回ることができますし、回る順番や戦略なども立てやすくなります。また、アルバイトスタッフにお願いするときも、適切にアドバイスできるようになるでしょう。

エリアを広げないほうが稼げる理由

ポスティングビジネスに慣れてきた人は、つい別のエリアにも進出しようと考えてしまうものです。もちろん、余力があればそうしてもいいのですが、基本は半径20kmであることを認識しておくことが大事です。

無理にエリアを広げるよりも、**併配できる企業を増やしていったほうが、結果的に収益は安定化します。**どれほどがんばっても、配れる人口・戸数はそう変わりません。半径20kmの50万人ほどがマックスです。

その範囲で、1社ではなく2社、2社ではなく3社と併配できるようになれば、それだけ収益も高まり、また地域に精通できるようになります。あとは、目標となる収入を目指し、アルバイトスタッフを増やすなどして対応すればいいでしょう。

慣れている地域でポスティングするのと、慣れていない地域でポスティングするのとでは、効率が大きく異なります。その地域に精通しているかどうかは、技術的にもビジネス的にも、重要な要素であると言えるでしょう。

ポスティングビジネスは、なぜライバルがいるようでいないのか？

本章の最後に、私が本書で提唱しているポスティングビジネスが、特に事業運営的な観点から優れている点についても紹介しておきましょう。

各企業にとって重要な広告媒体であるチラシですが、どこの会社でポスティングしても、高い効果が見込めるとは限りません。チラシを配るという行為は一見、単純なように思えるかもしれませんが、実はかなり奥が深いのです。

事実、これまでに数多くのポスティング会社がチラシの配布を行なってきました。また現在でも、**さまざまなポスティング会社が営業しています。しかしその多くは、**

効果の上がらないポスティングを行なっています。

この場合の効果とはもちろん、実際の集客効果が得られるかどうかということです。ポスティングビジネスとは、「チラシを配ること」自体に価値があると思われがちです。つまり、チラシの配布を代行するビジネスという認識です。

しかし、チラシを活用している企業が求めているのは、チラシを配ることではありません。チラシを投函することによって、その企業のことを知ってもらったり、店舗を訪れてもらったり、あるいは実際に商品・サービスを購入してもらうことを目指しています。

その点、**ポスティング会社がしなければならないことは、チラシを投函することによって、ひとりでも多くの人にチラシを見てもらうこと**ではないでしょうか。そうした認識がなければ、ポスティングはただのチラシ配布になってしまいます。

そして、そのような感覚でチラシ配布を行なっているポスティング会社は非常に多いのです。中には、チラシ配りを代行すると言いながら、預かったチラシを廃棄している業者もあるようです。それでは、信用どころではありません。

そうした行為に及ぶ背景には、「どうせチラシをまいても反響はないから同じだろう」という発想があるのでしょう。たしかに、ドアポストへの完全投函をしていないと、そのように思ってしまうのも仕方ないかもしれません。

ポスティングビジネスを成功に導く必勝サイクル

一方で、お客さまから預かっているチラシを大切に扱い、ドアポストにきちんと完全投函している人は、きちんと反響を得られることを知っています。そのため、チラシを廃棄するなどの行為は絶対にしません。

お客さまが信じて任せてくれている以上、私たちポスティング業者は、それに見合うだけの働きをしなければなりません。それには、ドアポストへの完全投函だけでなく、日報の送信やブログの更新なども含みます。

全うな仕事をするからこそ、きちんと成果が上がり、さらに信頼されるようになり、リピート客になっていただける――。

こうしたサイクルは、ポスティングビジネスを行なうにあたり、ぜひ意識しておきたい事柄です。

チラシを活用している企業は、つねに信頼できるポスティング会社を探しています。

それは、どこのエリアでも同じです。チラシが効果的だとは理解していても、信頼できる業者が見つからず、困っているところもあるでしょう。

そのような地域でポスティングビジネスを始めれば、良きパートナーになれるかもしれません。正しい方法でポスティングを行なっていれば、「こんな業者を探していた」と感謝されることもあるでしょう。

そうすると、ライバル業者はもはやライバルではなくなります。最初から最後まで、徹底してできるかどうか。そのようなシンプルな事柄が、ビジネスを継続的に前進させてくれるのです。

第5章

9割のお店はチラシを配りたがっている

――クライアントを増やす営業テクニック

依頼元を増やす分だけ効率アップ

第5章では、チラシの依頼元企業を増やすための営業テクニックについて、さまざまな視点から、そのポイントを探っていきましょう。まずは、より収益力を高めるための「デザイン受注」についてです。

ポスティングビジネスにおいて、収益力を高めるためにまずできることは、チラシの依頼元を増やすことです。1社よりも2社、2社よりも3社というように、依頼元企業を増やせば収益も多くなることはすでに述べたとおりです。

特に、依頼元企業を増やすことができると、併配によって効率が上がります。日々、ポスティングにおいてやるべきことは変わりませんが、まくチラシの枚数が増えれば増えるほど、ビジネスの効率は高まります。

その点、ポスティングビジネスでは、営業活動によって依頼元を増やすことが重要になるわけです。

営業活動のポイントについては後述しますが、フランチャイズで取り組む場合は、研修によって技術を習得できるので安心です。

チラシのデザインまで受けると、ダブルで儲かる

さて、依頼元を増やす以外にも、収益力を高める方法があります。

それは、「**チラシのデザインまで受注する**」というものです。

これは、ポスティングの全体を踏まえたうえで、川上の業務も受注することに他なりません。

そもそもポスティングビジネスは、依頼元からチラシを預かり、それを適切に配布することで成り立っています。ただその前提として、配るチラシがなければポスティングもできません。

通常、配るためのチラシは、依頼元企業が用意しています。それらを郵送で受け取り、保管したうえで、少しずつ配っていくのが基本です。ただ、その前段階となるチラシのデザインを、受注することもあります。

チラシの配布だけでなく、チラシのデザインまで受注できてしまえば、得られる報酬はより多くなります。ポスティングビジネスの根幹である**「配布料」に加えて、「デザイン料」までいただける**ためです。

参考までに、私がデザインまで受注した場合の報酬例を紹介しましょう。

たとえば、A4両面カラーのチラシを1万枚を**「デザイン」「印刷」「ポスティング」とワンストップサービスで受注**した場合は次のとおりです。

【収入】デザイン費5万円＋印刷費4万円（5営業日の場合）＋ポスティング費6万円＝15万円

【支出】デザイン費2万円（外注）＋印刷費2万円（外注）＋ポスティング費（自分で配ればそのまま利益）＝4万円

したがって、残った11万円でスタッフに配ってもらうか、自分で配ってそのまま利益にするかで変わってきますが、いずれにしても、収益構造はかなり安定します。デザインの技術や知識を有していたり、あるいは印刷会社とのつながりがある人は、ぜひ一気通貫で提案してみてはいかがでしょうか。

収益構造が良好になることによって、**受注先数をそれほど増やさなくても、十分に採算がとれる**ようになります。併配するにしても、10社などのように複数社のチラシを大量にまかなくても、4社や5社で問題ないのです。

もちろん、依頼元の数は季節に応じて変わってきます。見込み客が少ない状態だと、つねに新規開拓をしなければなりませんが、デザインや印刷まで受注してしまえば、そうした心配もなくなります。

このように、ポスティングビジネスの全体像を踏まえたうえで、デザインからポスティングまで受注してしまえば、よりビジネスの構造が盤石になります。ぜひ、チラシ投函以外の部分にも目を向けて、収益化を模索してみましょう。

こうした発想は、交渉力を高めるという点でも重要です。デザインから印刷、ポスティングまで受注することで、単価を下げずに交渉できるようになります。その結果、価格競争に巻き込まれなくて済むのです。

行列ができる店は、SNSと併せてチラシを配っている

正しい方法でポスティングをしていると、確実に反響が増えます。反響が増えるということは、店舗であればこれまで以上に来客数が増えるという意味であり、場合によっては行列ができることもあります。

ラーメン店のように、インターネットを中心とした口コミを得やすいビジネスならともかく、そうではない店舗の場合、何らかの施策によって来店を促さなければなりません。口コミが広がるのを待っているだけでは、客足は増えません。

最近では、インスタグラムなどのSNSを活用している店舗も増えてきています。「食べログ」や「ぐるなび」などのグルメ情報サイトとは異なり、お店のシズル感を直感的に伝えられることもあり、来店のきっかけになっているようです。

また、速報性ということで言えば、「ツイッター」なども活用できるでしょう。ツイッターで情報を配信し、興味を持ってフォローしてくれた人に来店を促していけば、

少しずつ来店客を増やすことにつながります。

クーポンやイベントの告知ということで言えば、メッセージアプリ「LINE」の企業版（旧LINE@）などを活用しているところもあるようです。客とのコミュニケーションが、来店のきっかけになっているのです。

ただし、これらのインターネットサービスには、それなりの運用スキルが必要となります。各種サービスの仕組みについて知っておくことはもちろん、より効果的な運用方法を模索しなければなりません。

ただ単に、他店舗の真似をしているだけでは、望むような効果を得ることはできないでしょう。やはり、基本的な運用スキルを身につけたうえで、日々、工夫を重ねていくことが求められます。

そうなると、いずれのサービスを利用するにしても、専門家に依頼する必要が出てきます。たとえば、安価に運用できたとしても、結果が出なければ意味がありません。そのため、専門業者への依頼を検討することになるのです。

依頼先にもよりますが、専門家に依頼するとなると、それなりの費用を捻出しなければなりません。こうしたサービスにありがちなのですが、入り口ではほとんど費用がかからない分、きちんと運用するためには資金が必要になるのです。

一方で、チラシを投函するだけであれば、費用は一定です。

チラシのデザインと印刷代、さらにはポスティング代を捻出できれば、それ以外にかかるお金は必要ありません。その分、費用が計算しやすく、それなりの効果も見込めます。

行列ができる店ほど、このようなチラシの有効性を熟知しています。チラシを集客のベースとしつつ、補助的にマス広告やＳＮＳを活用しているところも少なくありません。やはりチラシは、集客の必須ツールなのです。

インターネットが普及し、誰もがスマートフォンを持っている現代では、ついソーシャルメディアなどの広告に力を入れたくなるのもわかります。

しかし、**地域密着型のビジネスで集客するには、やはりチラシが効果的**です。

普段の集客はもちろん、イベントやキャンペーン、クーポンの活用など、いずれのシーンでもチラシは活用できます。そして、それらの効果を最大化するためには、適切なポスティング業者によるチラシの投函が欠かせません。

チラシで集客できるようになると、月々のチラシ配布はスタンダードになり、ポスティング会社としても収益が安定化します。チラシの配布は、お互いにウィンウィンとなるのです。現代でも、チラシの有効性は確実に存在しています。

捨てられないチラシの秘策

店屋物のメニューなど、チラシの中には捨てられにくいものがあると述べました。捨てられにくいチラシを配ることは、それだけ目にしてもらう機会を増やせることであり、来店や集客につながります。

特に、捨てられないチラシの代名詞と言えば、**「クーポン付きチラシ」**でしょう。チラシにクーポンを付ければ、「今度行くときに持っていこう」という心理が働き、**とりあえず取っておいてもらえます。**

チラシを取っておいてもらえるということは、チラシを受け取ったときと、実際に使用するときに見てもらえることになるため、効果は2倍です。また、「いつか使おう」という心理が働き、自然と来店を促せるのです。

たとえば、飲食店であれば、オリジナルメニューや期間限定メニューを載せつつ、「ドリンク1杯無料」「大盛り無料」などのクーポンを付けておけば、捨てられない確率が高まります。もちろんその際には、「チラシをお持ちいただいた方に」という文言が欠かせません。

加えて、学習塾であれば、キャンペーンによる「早期予約割引」や「限定10名まで2コマ講習無料」などのクーポンを付けておくと、**「行くかどうかはわからないけど、クーポンが付いているので、捨てるのはもったいないな」**と思ってもらえます。

マクドナルドがよくやっているように、切り離して使えるクーポンを付けるのもいいのですが、人によっては手間に感じられます。また、きれいに切り取れるチラシをつくるとなると、それなりの手間と費用が必要です。

そのような場合には、チラシそのものを持参してもらうようにすれば問題ありません。クーポンを切り離すのではなく、**チラシを持ってきてもらうことだけ記載**すれば、チラシそのものが捨てられにくくなるためです。

「チラシ＝無料サービス」や「チラシ＝クーポン」という印象を醸成できれば、そのチラシを手に取ってもらえる可能性は高まります。チラシを手にすることが、〝お得につながる〟と認識されるためです。

チラシの裏面をあえて白紙にする効用

また、ちょっと視点を変えると、チラシの裏面を白紙にするというのも効果的です。

チラシの費用対効果を考えると、両面印刷にしたいと思うのが普通です。

しかし、それでもあえて裏面を白紙にするのです。

では、裏面を白紙にすると、どのような効果があるのでしょうか。

それは、**「裏面をノート代わりに使ってもらえる可能性がある」**からです。お子さんがいる家庭などでは、お絵かき帳代わりに使ってもらえることもあります。

今でこそそうでもありませんが、昔は紙が貴重でした。勉強したり絵を描いたりするのでも、わざわざノートを買ってくるのではなく、チラシの裏面を利用したものです。現在でも、**節約志向が強い人は、そうした発想を持っている**はずです。

そこで、あえてチラシの裏面を白紙にしておく。それを別の用途に使ってもらえば、目につく回数が増えることとなります。ちょっとした工夫ですが、このようなところから反響が得られることもあるのです。

「捨てられない」ための、さらなるアイデア

あとは、「チラシにチラシ以上の付加価値をつける」という発想も大事でしょう。

チラシ以上の付加価値とはつまり、広告媒体以外のプラス要素をつけるわけです。

たとえば、**「クイズ」**や**「塗り絵」**などがわかりやすいでしょうか。

たまに、フリーペーパーなどに、**クロスワードパズル**がついているのを見かけることがあります。それも、捨てられないための工夫でしょう。同じような発想で、捨てられないチラシを手がけてみてはいかがでしょうか。

飛び込み営業で97%歓迎された人がやっていた秘策

チラシの依頼元を増やす方法として、王道なのは「飛び込み営業」です。

飛び込み営業とは、お店が暇な時間帯を狙い、飛び込みで営業をかけることです。

もちろん、きちんとスーツを着て来店します。

飛び込み営業の経験がない人は、「厳しく断られるのではないか……」「邪魔者扱いされるのではないか……」などと心配されるケースが少なくありません。

しかし、基本的には、きちんと対応してくれます。

それこそ、飛び込み営業をした瞬間に追い出されるようなことは、まずありません。

忙しいときは話を聞いてもらえませんが、そういった時間帯は避けて行くため、たいていの場合は話を聞いてもらえます。

そう、まず最初のポイントは、**営業する時間帯**です。

①飛び込む時間帯

忙しい時間は、飲食店であればランチタイムやディナータイム、居酒屋であれば夕方以降でしょう。そのような時間を避け、たとえば午前中や午後の時間帯を狙えば、店長と話をすることができます。

また、飲食店以外でも、クリーニング店であれば夕方以降を避けたり、学習塾であれば学校が終わる夕方より前に来店したりなど、繁忙時間帯を避けるのは難しくありません。きちんと対応してもらえる時間を狙えばいいだけです。

②狙うべき業種・店舗の特徴

私自身は、フランチャイズ加盟店様の研修で、各地域での飛び込み営業を経験しています。その数、1000軒をゆうに超えています。ただ、どの地域であっても、まったく話を聞いてもらえないということはほとんどありませんでした。

特に建設会社や不動産会社など、**入るのにちょっと勇気が必要な業種・店舗ほど歓迎されます**。もともとポスティングの必要性を有していることに加えて、話を持ちかけられることが少ないからかもしれません。

一般的な営業で考えると、飛び込み営業で成約に至るケースは数パーセントほどではないでしょうか。それに比べて、ポスティングの飛び込み営業は、とりあえず話を聞いてもらえる可能性が非常に高いです。

加えて、**嫌がられるどころか、歓迎されることがあるのもポスティング営業の特徴**でしょう。それだけ多くの事業者が、ポスティングに悩みを抱えているということです。配らなければならないけれど、配れない。そういったところに営業をかけましょう。

地域の特徴と実情把握が、次の営業につながる

実際に営業回りをしてみるとわかりますが、各店舗や事業者から話を聞いていると、**周辺地域の実情についても知ることができます。**「どことどこがライバルで、どの店が儲かっている」などの話を聞けることもあるでしょう。

そのように話を聞くことで、地域の店舗事情に詳しくなれます。

それが、次の営業活動にもつながっていくことになるのです。ポスティングする地域のことを知れば知るほど、効率的に営業できるようになるでしょう。

あとは、すでに述べているように、正しい方法でポスティングするだけです。

①ドアポストへの投函や完全投函。
②チラシの向き。
③あいさつ。

などに加えて、「日報の送信」と「ブログの更新」を続けていく。

それだけで、結果はついてきます。

リピートが増えていき、口コミや紹介で依頼元を増やすことができれば、新規の営業はしなくても問題ありません。もちろん、さらに規模を増やしたいのであれば、継続的に行なってもいいでしょう。

それぞれのエリアには、それぞれの特徴があります。まずは地域を回ってみて、どのような営業先があるのかを知り、コツコツ営業活動を行なっていく。そうすれば、営業をしたことがない人でも、依頼元を獲得できるはずです。

依頼主は1年に最低4回以上チラシを配る——おすすめの業種

依頼元を増やすことに加えて、チラシを配る回数（枚数）を増やすことも重要です。ただ、チラシを配る回数に関しては、先方の事情が大きく影響するため、コントロールすることは難しいでしょう。

①学習塾

たとえば、学習塾であれば、春・夏・秋・冬に開催している「期間限定講座」のとき、塾生を確保するため、チラシの配布を依頼されます。つまり、少なくとも1年に4回はチラシ配布を依頼してもらえます。

加えて、入学キャンペーンなどを実施する際にも、チラシをまく場合があります。年に4回の通常キャンペーンとは異なり、何らかの理由で塾生を補充したい場合などに、特別なイベントが行なわれているのです。

②クリーニング店

クリーニング店であれば、春と秋の衣替えシーズンには、チラシ配布を依頼されます。普段のクリーニングとは異なり、衣替えシーズンは大量の来店を促せるため、チラシ配布でその効果を高めようとしているのです。

もちろん、クリーニング店の中には、毎月いろいろなキャンペーンを展開しているところもあります。そのような店舗は、衣替えシーズンだけでなく、毎月のようにチラシ配布を依頼してくれます。それによって、来店数を維持しているというわけです。

あとは、季節に応じてチラシをまくタイミングがあります。冬物の布団やコートをクリーニングに出したり、「ポイント還元キャンペーン」やクーポン付きチラシを配布したりなど、店舗や状況によって異なります。

③その他

その他、業種業態にかかわらず、「月頭のキャンペーン・クーポン」や「月末のキャンペーン・クーポン」など、毎月のように行なっているところもあります。そうしたお店は、定期的にポスティングを依頼してくれます。

不動産業を営んでいる店舗も、ほぼ毎月のように依頼してくれます。物件情報が更新されていくことに加えて、プッシュしたい新規案件などが随時、発生するためです。チラシで集客できるようになれば、安定的に依頼してくれる取引先となります。

なぜリピート客をつかまえれば盤石なのか？

何より、ポスティングビジネスのいいところは、**「チラシで成果を上げた業者は、配布枚数を減らさない」**ことにあります。つまり、チラシによって結果を出せれば、安定的な顧客になってくれるということです。

どのようなビジネスでも、どの店舗でも、集客を安定化させることをつねに意識しています。安定的な集客が実現できれば、それだけで事業がうまく回るようになるためです。その点、集客の良し悪しにはとても敏感です。

それが、チラシによって実現できるのなら、誰も途中でやめようとは思いません。配布しているチラシの枚数を減らしたり、月々の配布を隔月にしたりすることはあるかもしれませんが、やめることはまずないのです。

つまり、**リピート客さえつかむことができれば、ポスティングビジネスはほぼ盤石**です。

加えて、定期的に営業活動を行っていれば、まず顧客が途切れるということはありません。それだけに、優れたビジネスモデルと言えるのです。

言い方を変えると、**集客に困っているあらゆる事業者は、チラシを活用すればするほどクセになります**。それで集客できるとわかれば、途中でやめようなどと考えません。継続的に、依頼してくれます。

ポスティングの依頼を受ける側としては、そのような期待に対し、誠実に応えていけばいいのです。正しいポスティングを、愚直に、きちんとこなしていく。それが、依頼元からの感謝と、継続的な受注につながります。

プッシュ営業より口コミ

他のビジネスと同様に、ポスティングビジネスにおいても、**「どうすればお客さまとの関係を深められるか」**という課題は非常に重要です。より深く信頼していただけることで、長期にわたって依頼してくれるリピーターになってもらえるためです。

多くの業界では、お客さまとの関係を深めるために、定期的な営業活動を行なっているかと思います。いわゆる「プッシュ営業」と呼ばれるものです。プッシュ営業をすることで、取引先や受注を増やすことにつながるからです。

ただし、私の場合は、これまでプッシュ営業を行なったことはありません。あくまでも、**自社サイトからの見積依頼と、ポスティングに特化したポータルサイトからの見積依頼**が中心となっています。

加えて、**いただいた仕事は丁寧にこなし、また日報を送信するなどの工夫もするな**ど、日々の仕事で成果を上げていきます。その結果、得られた高い反響によって、自然と口コミが広がっていくのです。

口コミが広がっていくと、プッシュ営業は不要となります。

営業活動をしなくても、クライアントがクライアントを呼んでくれるため、自然と事業が安定するのです。やはり、口コミや紹介ほど、着実に顧客を増やす方法はないと言えるでしょう。

しかも、**口コミや紹介であれば、価格競争に巻き込まれることもありません**。私たちがどのような仕事をするのか知ってくれているので、適正な価格を提示してくれますし、こちらもそれに見合う働きができます。

つまり、お互いに気持ちよく仕事をすることができるのです。どんなビジネスでもそうですが、プッシュ営業に頼りすぎるのは危険です。やはり、営業活動をしなくてもいい仕組みをつくることが大切なのです。

チラシを配りたがっている業種

もちろん、営業活動そのものは、どの全国展開中のフランチャイジーでも可能です。特に**便利屋**(「ベンリー」「お助け本舗」など)や**清掃系**(「おそうじ本舗」など)は、本部から毎月大量にチラシが送られてくるため需要があります。

あるフランチャイズのオーナーから聞いたところによると、本業が忙しくてチラシを配布できないにもかかわらず、1枚4円ほどで購入しているため、捨てるに捨てられないそうです。そうしたところに営業をかければ、間違いなく喜ばれるでしょう。

あとは、**選挙前**もおすすめです。選挙関連のポスティングを受注するには、衆参・県議・市議などの自宅や、選対部長宅などのポストへ投函するだけで引き合いがあります。特定の時期だけですが、結果を出せれば次につながる可能性もあります。

その他、ポスティングの需要が発生しやすいところと言えば、**印刷会社**が挙げられるでしょう。チラシの印刷を請け負っている印刷会社には、ポスティングの受注が入ることもあります。そのような業者とつながっておけば、自然と顧客を獲得できるのです。

インターネットなどで、チラシのデザインから印刷、配布まで請け負っている企業をたまに見かけますが、そういう企業に問い合わせをしてみると、案外、ポスティングに困っていたりします。そこから、受注を得ることも可能でしょう。

事実、ホームページなどを見てもらい、逆に営業をかけられることも少なくありません。きちんと仕事をしていれば、知名度がある業者から声をかけられることもあるのです。そこから、大口契約につながることもあります。

いずれにしても、お客さまとの関係性を深めたり、取引先を増やしたりする方法はたくさんあります。口コミや紹介の獲得とともに、いろいろな方法を模索し、より多くの依頼元を開拓していきましょう。

研修時に行なう「飛び込み営業」先

フランチャイズとして多くの方に参加していただいているポスティングビジネスですが、これから参加することを検討している人にとって、気になるのはやはり「飛び込み営業」についてではないでしょうか。

特に営業経験がない人は、「自分に営業ができるだろうか」「口コミや紹介が得られるまでに取引先を開拓できるだろうか」ということです。しかし、すでに述べているように、営業を過度に心配する必要はありません。

まず、フランチャイズとして参加していただいた方には、飛び込み営業の研修を行ないます。そこで、私が自ら営業の手本を見せ、具体的なやり方を伝授します。慣れてくれば、誰でもできるようになります。

たとえば、研修時に行く店舗は次のようなところが挙げられます。

◎デリバリーのピザ屋（ピザハットやピザーラなど）。

◎デリバリーの寿司屋（銀のさらなど）。
◎おそうじ本舗やベンリーなどのフランチャイズ店舗。
◎分譲住宅や分譲マンションをメインに業務を行なっている建設会社や不動産業者（賃貸メインの不動産会社はＮＧ）。
◎リフォーム会社。
◎広告代理店。

このうち、特に反応がいいのはデリバリー系の店舗です。

それこそ「待ってました」と言わんばかりに歓迎してくれます。なぜなら**デリバリー系の店舗というのは、大量にチラシをまかないと成り立たないから**です。新型コロナの影響で、テイクアウトするお店も一気に増えています。

デリバリー系の店舗というのは、ほとんどがフランチャイズ展開しています。そのため、マスメディアを使った宣伝は本部では行なわれているものの、各店舗の集客に関しては、個別に行なわなければなりません。

そして、その集客に活用できるツールがチラシというわけです。デリバリー店の周辺には、競合他社がひしめいていることも多く、大量のチラシをまかなければ売上目標には到達できません。

もちろん、各店舗に勤務するアルバイトスタッフにもチラシ配布をお願いしているのですが、それだけでは足りず、**つねにポスティング業者を探しているの**が実情です。だからこそ、営業に行くと歓待されるのです。

私のノウハウが、他のポスティング会社に勝てる理由

ただし、一般的なポスティング業者に依頼すると、最初の1カ月ほどは反響が得られるようですが、2~3カ月もすれば元に戻ってしまうそうです。その理由は、ドアポストへの完全投函を徹底していないからだと推察されます。

反響が得られなくなると、さらにポスティングの精度も下がっていき、悪循環となっていきます。ただそれでも、デリバリー店としてはチラシをまかなければならず、**「もっと良いポスティング業者はいないだろうか」**と探すこととなるわけです。

そのような悩みを抱えているデリバリー店は、営業時に提案すると、それだけで喜

んでくれます。過去には「御社のようなポスティング業者を探していた」と言わんばかりに、その場で5万枚のチラシを任されたこともありました。

そう考えると、飛び込み営業を恐れる必要はないとわかります。**ニーズは確実に存在しているのであり、また、どの店舗でもチラシ配布に困っている**のです。その問題を解決するのが、私たちポスティング業者というわけです。

デリバリー系の店舗だけでなく、適切なチラシ配布をしてくれるポスティング業者を探しているお店や事業者は、全国にたくさんあります。まずは、研修を通してでも構いません。飛び込み営業に慣れ、依頼先を開拓できるようになりましょう。

きちんと結果を出し、口コミや紹介によって依頼先を増やせるようになれば、あとは自然にビジネスが回っていきます。

ポスティングビジネスは、感謝されるビジネス

本章の最後に、ポスティングビジネスにおいて重要な「感謝」という点にも触れておきましょう。きちんとポスティングをしていると、依頼元であるクライアントから

感謝されることが多々あります。まさにポスティングビジネスは、感謝されるビジネスなのです。

依頼を受けた企業にたくさんの反響があると、必ず感謝の声が届きます。たとえば、2014年に独立したばかりの小さな不動産屋さんのチラシを、同じエリアを特定して配布したとき、その会社の社長からこんな言葉をいただきました。

「2016年の12月の開店時には、自分で近所の市営・県営団地にチラシを手配りしましたが、どうしてもお店の段取りなどで忙しく、一度のみの配布になってしまい、競合店も近くにあるためか、なかなかお客さまの来店が安定しませんでした。新聞折込も何度か試みましたが、反応が悪く、タウン誌にも掲載しましたが、そちらも反応が悪く、他の集客方法を探していた矢先にチラシを刷ってもらった印刷屋さんから紹介されたのがクラシードさんでした。そのとき、4500枚のチラシを6週にわたってまいてもらった結果、今まで起こり得なかった反響が起こりました！　お店の駐車場に停めきれないクルマが、前の県道にまであふれ大渋滞を引き起こしたのです。ポスティングの威力には恐れ入りました！　また、クラシードさんの破壊力にも、本当にほんとうに驚きました」

この会社は、5年で地域ナンバーワンの不動産会社となり、あっという間に2店舗目を出店することになりました。

さらに、別の某建設会社様からは、こんなメールもいただいています。

「おかげさまで無事に見学会が終了しました。ポスティングを見てのご来場は、新規で6組でした。これは過去最高というか、初めてのことです。見学会を開催しても、なかなか来場していただけないことが多いのですが、今回はポスティングのおかげでたくさんの新規客に来てもらうことができました。雨の多い中、ポスティングをしていただいたおかげです。本当にありがとうございました。また、よろしくお願いいたします」

別の業界の方からいただいた声も紹介しましょう。某洋菓子製造会社からは、こんな声をいただいています。

「このたびは、チラシのデザインから印刷、ポスティングまでワンストップでお受けいただき誠にありがとうございました。おかげさまで100人の常勤パートを確保することができました。当初は、新聞折込や求人誌などを検討しておりましたが、クラシード様のお噂を耳にし、信頼して依頼して、ほんとうに良かったと感じております。弊社社長もたいへん喜んでおり、後日お会いして直接お礼したいと申しております」

また、ちょっと特殊な事例なのですが、某大学研究室のチラシを配った際にはこんな言葉をいただきました。

「毎日の日報のご報告、ありがとうございます。おかげさまで続々とアンケートが返送されております。前回の調査ではほとんど返送がなかったので不安でしたが、アンケート調査封筒という特殊性から新聞折込では配布できず、知人から紹介されたクラシード様にお願いして本当に良かったです。また今後も同様の調査を行なっていきますので、引き続きお世話になります。どうぞ、よろしくお願いいたします」

依頼してくるクライアントは、いかに反響をつくり出し、より多くの売上を向上させるかを必死に考えてからポスティング業者へ外注します。

小規模なら自らポスティングできますが、より大きく販促をかけたいお店は、必ず業者にポスティングを依頼してくるものです。

そして、ポスティングして売上があったお店は、翌月もポスティングを減らすことはありません。反響を下げないために、さらに多くの枚数を依頼してくることもあります。

依頼して反響があると、クライアントはリピートになってくれます。またクライアントからの感謝の声が増え、仕事は途切れません。これが、ポスティングビジネスの魅力なのです。

第6章

反響が劇的に高まるポスティング術

リフォーム、太陽光パネルは、一戸建てに配る

第6章では、ポスティングによって得られる反響をさらに高めるために、できる工夫について解説していきましょう。ポスティングは、さまざまな工夫を施すことによって、より反響を高めることが可能です。

たとえば、リフォームや太陽光パネルを取り扱う事業者のチラシをまくケースで考えてみましょう。特殊な商材をチラシで宣伝する場合、地域の住宅にまんべんなく配布する**「軒並み配布」では、費用対効果が高まりません**。

特に、リフォームや太陽光パネルなどに関心がある人というのは、ほぼ限定されています。それは、一戸建てに住んでいる人です。マンションやアパートに住んでいる人は、そもそも需要がないと考えられます。

リフォームを検討する人は、一戸建てを所有している人です。賃貸物件はまず除外されますし、分譲であってもマンションの場合はターゲットが異なります。その点、

チラシの配布先は一戸建てに絞られることとなります。

太陽光パネルのチラシについても同様です。太陽光パネルを設置できるのは、一戸建ての屋根が基本となります。加えて、空いているスペースなどにも設置できますが、そのような土地を所有している人は一戸建てに住んでいる確率が高いと推察されます。

このように、配布元の企業が取り扱っている商材に対し、チラシ投函先を選定することを**「カスタムセグメント」**と言います。カスタムセグメントによって、闇雲にチラシをまくよりも、高い反響を得ることが可能となります。

カスタムセグメントの場合、単価を上げる提案もアリ

カスタムセグメントを応用すると、太陽光パネルのチラシを「太陽光パネルがない一戸建てのみ」に限定したり、あるいは「太陽光パネルがある一戸建てのみ（住み替え需要）」に限定したりすることもできます。

そのような商材をチラシでアプローチする際には、通常の1枚6円で受注するので

はなく、あらかじめ配布先を限定して単価を上げたほうがいいでしょう。たとえば、1枚20〜30円などで提案してみるのです。

いくら大量のチラシをまいても、反響につながらなければ意味がありません。その点、どのような理由で、どのようなカスタムセグメントに配布するのかを説明すれば、単価を上げる交渉も可能でしょう。

依頼元の企業としては、1枚6円で反響がないよりは、たとえ1枚20円でも、反響があったほうがいいはずです。そのようなことまで考え、提案できるのがベストです。より結果にもつながりやすくなるでしょう。

もちろん中には、先方が配布先を指定してくる場合もあります。「カーポートがある家だけ」「芝生がない家だけ」「犬を飼っている一戸建てだけ」などです。つまり、そこに商機があると判断しているのです。

そのような提案を受けたときに、対応できるかどうかは、各事業者の状況によるでしょう。最初は戸惑うかもしれませんが、とりあえず見積もりを出してみて、そのうえで対応の可否を判断するという方法もあります。

こうしたカスタムセグメントの強みは、人によって対応を変えられるということです。メールマガジンやインターネット広告などは、その時々の状況に応じて、送信するかどうかを選択することはできません。

一方で、**ポスティングの場合、状況に応じて臨機応変に対応できます。**日々、ポスティングを行なっていれば、街の変化にも敏感になれます。そうした点にも着目すれば、よりチラシの効果を高められるでしょう。

チラシと配布先をマッチングさせる

カスタムセグメントの考え方は、「チラシと配布先をマッチングさせる」という発想がベースとなっています。つまり、チラシの内容が刺さりやすいところにポスティングすることで、より多くの反響を得られるという戦略です。

ポスティング会社として、できるだけ多くの反響を得られるように努力することは、業務の中に含まれる基本事項です。厳しいようですが、「とりあえず配ればいい」と考えている業者は、ポスティング会社として失格でしょう。

繰り返しになりますが、反響が得られないのであれば、いくらチラシをまいても意味はありません。それらはすべてゴミとして処分されてしまっており、チラシを投函した時間も労力も無駄になってしまいます。

もっとも、投函したすべてのチラシで反響を得るというのは不可能です。ポスティング会社ができるのは、あくまでも、**反響を得られる「確率」を高める**ことだけです。そしてそのために、1つひとつの施策があるわけです。

どのポストに投函されたチラシが反響を生むのかわからない以上、すべてのチラシを丁寧にまくのは当然です。そして、その1つひとつが反響につながる可能性を高め、結果的に、全体の効果を底上げします。

結果を出していないポスティング会社というのは、そのような考え方ではなく、「どうせ効果は限られているのだから」と思っているものです。そうした発想は、モチベーションを下げ、おざなりなポスティングにつながります。

そのようにネガティブに考えるのではなく、**ポスティングのやり方次第で得られる反響が変わる**ということを自覚し、モチベーションを下げずにチラシを投函することが大切です。何度も繰り返しますが、やはり愚直に、そしてコツコツ行なうことが功を奏するのです。

そこに住んでいる人を想像し、配るチラシを選定する

たとえば、新築住宅の広告を、単身者向けのアパートに投函しても得られる反響は限定的でしょう。ファミリー向けの新築住宅であればなおさらです。チラシの内容と配布先がマッチングしていなければ、ほぼ捨てられてしまうでしょう。

また、社宅として使われているマンションやアパートも同様です。注意深くポスティングをしていれば、社宅として使われている集合住宅などにも気づくことができるでしょう。そこに住んでいる人を想像し、配るチラシを選定することも大事なのです。

逆に、**単身者が住んでいるであろう住宅に対しては、ドラッグストアのチラシが効果的**です。ドラッグストアは、薬品だけでなく日用品や食料品も取り扱っていることに加えて、コンビニと同じぐらい使い勝手がいいためです。

ドラッグストアの特売チラシなどを単身者向け住宅に投函すると、すぐに反響があります。一見、主婦などが多く訪れるように思われるドラッグストアも、チラシによ

っては、単身者の集客にもつながります。

チラシと配布先をマッチングさせることを意識し、ポスティングができるようになれば、よりクライアントから信頼される業者になれます。それが付加価値となり、口コミや紹介にも発展していくのです。

ポスティングを「作業」と考えるのではなく、ぜひ「サービス業」であると認識してください。

サービス業である以上、何らかの価値を提供し続けなければなりません。それも、**チラシの投函に付随した価値の提供**です。

難しく考える必要はありません。日頃から、どうすればチラシと配布先をマッチングできるのかと、考えるだけでもいいのです。そこからより高い効果を得られるポスティングの発想が生まれていきます。

【住居別】効果的なチラシ

カスタムセグメントの発想をより掘り下げていくと、マーケティングに近い考え方が身につきます。マーケティングとはつまり、特定の商品を大量かつ効率的に販売するよう、各種戦略を構築する活動のことです。

カスタムセグメントに従ってチラシを投函したり、あるいは投函先を選定したりすることは、まさにマーケティングの延長にある行動です。**「どうすればもっと商品を売れるか」「どうすればよりサービスを利用してもらえるか」**という発想が根底にあるためです。

そのような考え方が身につけば、ポスティングの技術も自ずと高まっていきます。依頼先からチラシを預かったときも、「このようなセグメントに配れば、反響が高まるだろう」などと考えられるようになり、成果も高まります。

たとえば、**不動産新築物件に関するチラシは、賃貸マンションの3階以上に住んでいる方が狙い目**です。なぜなら、将来的に不動産を検討する可能性があり、かつ、定期的に引っ越していると考えられるためです。

ちなみに低層階に住んでいる人は、何らかの理由で低層を選択している場合があります。そう考えると、低層階があいていなければ不動産購入の選択肢には入らず、結果的に、チラシをまいても効果は限定的です。

一方で、3階以上に住んでいる人は、あえてその階を選んでいるというよりも、特にこだわりがない可能性があります。それなら、新築の不動産情報を見たとき、広く検討してもらえると考えられるのです。

別の例で考えてみましょう。たとえば、低層階のアパートに住んでいる人に対しては、飲食店のチラシが効果的です。そもそも**アパート自体が単身者を中心**としており、飲食店を利用するケースが多いためです。

デリバリーを利用する人の大半は、日常的に料理をしていない人です。出来合いのものを買ってくるか、お店で食べるか、あるいはデリバリーのものを食べている人たちです。そのような人を狙ってチラシを投函すれば、自然と反響も高まります。

では、オートロックのワンルームマンションには、どのようなチラシを投函すればいいでしょうか。**オートロックのワンルームに住んでいる人は、セキュリティ意識の高い女性が多い**と考えられます。つまり、若い女性向けのチラシをまけばいいのです。

エリアにもよりますが、理美容関連のチラシやヨガ、女性向けジムなどのチラシであれば、反響を得られる可能性があります。逆に、ファミリー向けの不動産広告などはピンとこないかもしれません。

そうした発想を養うには、**ポスティングしながら想像してみる**ことが大事です。「低層階アパートには飲食チラシが効果的」というポイントについても、「なぜそうなのか」と考えてみることが大事です。

古い戸建てが多いエリアであれば、中高年からシニア層向けのチラシが最適でしょう。たとえば、A型やB型の軽費老人ホームを案内するチラシや、高齢者向けの運動施設案内など、いろいろなものが当てはまります。

反響の精度が高まってくると、ポスティング営業のレベルも上がりますし、それが単価に反映されるケースもあります。つまり、ポスティングビジネスそのものの運用が楽になるのです。

ポスティングによる配布状況と反響、時期、その後についてもデータを蓄積し、さらなる事業の展開につなげていきましょう。やればやるほど、データが蓄積されていき、さまざまな提案ができるようになります。

塾、エステは徒歩10分圏内が目安

ポスティングビジネスは、基本的に、地域密着型で行なうと述べました。地域を限定し、おおむね半径20kmのエリアでチラシを投函していれば、その地域に精通できるだけでなく、ポスティングの効率も高めることができます。

実際にポスティングを始めてみるとわかりますが、地域に密着した店舗というのは、意外に多いものです。たとえば、学習塾やエステ、理美容店など、エリアを限定してビジネスを展開している店舗はたくさんあります。

こうした店舗では、ユーザーのおよそ8割が半径3km圏内であるか、あるいは自動車移動を含む15分以内の距離に住んでいると考えられます。例外としては、通勤・通学経路の動線上にある場合でしょうか。

またフランチャイズ展開している店舗として、ピザや寿司などのデリバリーやラーメン、ご飯物、さらにはファーストフード店などもありますが、こうした店舗でも、店舗ごとに地域を限定して収益力を高めています。

つまり、**「対象としている顧客の住まいは、それほど広い地域に散らばっているわけではない」**のです。地域ごとにわざわざ店舗を建てているということは、ビジネス上、そうする理由があるのです。

デリバリー系の店舗ではありませんが、地域密着型ビジネスという点で言うと、セブン−イレブンなどが巧みな戦略を展開しています。同社が行なっているのは、いわゆる**「ドミナント戦略」**というものです。

ドミナント戦略とは、あらかじめ攻略する地域を決め、そのエリアに集中して店舗を出店する手法のことです。そうすることで、広告宣伝費の支出を抑えるなど経営効率を高めつつ、その地域内でシェア拡大を実現できます。

多店舗展開とは異なりますが、地域を限定してポスティングビジネスを行なうにあたり、こうした戦略も参考になります。その地域における認知度を高め、優良なポスティング会社であると認識してもらえれば、依頼は自然と入ります。

特殊な事情がない限り、遠方の学習塾を選択する人はいません。たいていは、子どもが徒歩で通える塾を比較し、選択しているはずです。エステや理美容店も同様で、まずは近隣を探すのが一般的でしょう。

担当エリアの把握しておくべきこと

そのように考えると、**担当する地域のどこにどのような店舗があるのかを知っておくことは、戦略立案上、重要である**とわかります。ポスティング事業を行なう以上、そういった情報も得ておくことが求められます。

さらに言うと、**各店舗がどのような戦略で集客しているのかも知っておく**といいでしょう。特にフランチャイズ展開している店舗は、独自の戦略によって集客しています。そのような部分にまで、視野を広げてみてください。

たとえば、弁当や惣菜を販売している「オリジン弁当」は、セブン－イレブンの近くに出店していることが多いです。これは、セブン－イレブンと客層が近いことに加えて、微妙にズレているニーズを取り込めると考えてのことです。

セブン－イレブンが出店しているということは、そこに商圏があると考えられます。本来、出店判断には、人口動態や経済圏など、幅広い市場調査が必要です。その手間を省くために、セブン-イレブンを参考にしているのです。

セブン-イレブンの弁当や惣菜に満足できない人は、必然的に、オリジン弁当へと流れていきます。すると、事業が安定しやすいのです。こうした企業の戦略を知っておけば、ポスティングビジネスにも応用できるでしょう。

読み手から見やすい配置で投函する

投函されたチラシは、他の広告宣伝と同様、必要としてくれる人はごく一部です。大半の人は、不要なものとして処分してしまいます。それでも、できるだけ多くの反響を得られるように努力するのが、ポスティング業者の仕事です。

そう考えると、細かい部分への配慮も必要となります。たとえば、ポスティングする際のチラシの向き。この向きにまで配慮できるかどうかによって、わずかな差が生じ、反響が変わってくるのです。

もちろん、チラシを投函する際には、**受け取る相手から見える向きで投函する**のが正解です。つまり、ポスティングする人から見ると逆の向きにして入れるわけです。

そうすることで、受け取った人が瞬時に内容を把握できます。

多くのチラシは、中身を見る前に捨てられています。いくら魅力的な内容が書かれているチラシであっても、読んでもらえなければ意味がありません。内容を見ずに処分されてしまえば、反響は得られないのです。

ただ、普段は読んでいないチラシでも、なんとなく目に留まるということはあるはずです。その前提となるのは、**読める向きになっている**こと。チラシの文字がそのまま入ってくるかどうかで、その後の行動も変わるのです。

通常、ここまで意識しているポスティング業者はいないと思います。当然、手間もかかりますし、加えてドアポストへの完全投函を実施しているので時間もかかります。つまり、まける数が限られてしまうのです。

それでも私は、**チラシの向きにまで配慮してチラシを投函するべき**だと考えています。それもすべて、依頼元への反響を最重要視しているためです。いくらたくさんのチラシをまいても、反響が得られなければまいていないのと同じです。

加えて、できるだけ丁寧に投函するよう心がけています。そもそもチラシは、必要ない人からしてみると、ゴミと同じような感覚で扱われます。適当な入れ方をしていると、それこそゴミのように見えてしまいます。

そのような感覚を抱かせないよう、できるだけ丁寧に投函し、向きもきちんとそろえておく。それだけで、印象は大きく変わります。そのようなちょっとした心がけで、**ポスティングの成果は大きく変わる**のです。

これはもちろん、ドアポストにポスティングするときだけでなく、集合ポストに投函するときも同じです。オートロックのマンションなどは、ドアポストに投函することができないため、必然的に集合ポストに入れることとなります。

そのとき、連続してチラシを投函していると、どうしたって雑になってしまうものです。そうならないよう、**向きに気をつけながら、ひとつずつ丁寧に投函**していく。それができるかどうかが、後の反響につながります。

また、クレームという観点からも、丁寧にチラシを投函することは重要です。適当に投函している場合、「もうチラシを入れないでください」「ゴミは持ち帰ってください」などと、**クレームが入りやすくなります**。そうなると、回収の手間がかかってしまいます。

さらに、クレームをいただくということは、それだけ依頼元企業への印象が悪くなることでもあります。そうならないよう、できる限りの配慮をし、少しでもクレームを減らせるように努力することが大切です。

読み手から見やすい向きを意識し、できるだけ丁寧にそして確実にチラシを投函していく。慣れてくれば簡単なことですが、最初のうちは、しっかりと意識しておくことが求められます。

住民とすれ違ったら、どうやって対応すべきか？

ポスティングは、チラシの投函方法だけ注意していればいいわけではありません。より反響を高め、投函先企業のイメージアップにもつなげるためには、**ポスティングをしている本人の対応も重要**となります。

特に、セキュリティに対する意識が高まっている昨今では、オートロックのマンションが増えているものの、そうでないマンションやアパートはたくさんあります。そうしたところでポスティングをする際には、細心の注意を払うべきです。

たとえば、**住民とすれ違った際には、きちんとあいさつ**をします。朝であれば「おはようございます」、夕方であれば「こんにちは」、夕方以降であれば「こんばんは」と、住人のほうを向いて声をかけます。

また、**あいさつをする際には、サービス名も伝える**ようにします。

たとえば、「ピザーラ」のチラシを配っているのであれば「ピザーラです。よろしくお願いします」などと伝えれば、**不審に思われることもありません**。

何も言わずにポスティングをしていると、不審に思われてしまい、場合によっては出入り禁止になることもあります。そうでなくとも、住民に不快な思いをさせるようなことは絶対に避けるべきです。

黙ってポスティングをしている姿は、見ていて気持ちのいいものではありません。

そうではなく、元気よくあいさつをし、「ポスティングさせてもらっている」という感謝の気持ちをもって取り組みたいものです。

「誰が配っても結果が同じ」ではない

不思議に思われるかもしれませんが、**きちんとあいさつをしてポスティングすると、反響も変わってきます**。おそらく、チラシを見てくれる確率が高まるからだと思います。チラシのチェックというアクションも、あいさつひとつで変わるのです。

ポスティングをしている人の中には、チラシの内容のみが、反響に影響すると勘違いしている人がいます。しかし実際は、チラシを投函する人のあいさつや仕草、入れ方、タイミングなど、あらゆる要素が影響しているものです。

そして、そのような認識をもってポスティングできるかどうかというのが、最終的な反響の違いとなって表れるわけです。極端な話をすると、**チラシを配布している人の人間性が、結果に影響を及ぼしている**のです。

単純なように見えるポスティングビジネスが、その実、複雑な理由はここにあります。また、ポスティング会社によって反響が異なる理由も同様です。誰が配っても、結果が同じとは限らないのです。

少し視点を変えて考えてみましょう。

チラシを受け取る側からしてみると、ポスティングしている人とそのチラシの配布元が別々であるとは認識していません。たいてい、同じ会社の人が配っていると思っているものです。

たとえば、「ピザーラ」のチラシを配っている人は、「ピザーラ」の社員だと思っています。また、クリーニングのチラシを配っている人は、同様にクリーニング会社の人だと思われているはずです。

つまり、**ポスティングしている人の行動は、それぞれ依頼元のイメージにもつながっている**のです。そこでの行動が、チラシの反響に影響するというのも、当然といえば当然なのです。

自分がポスティングする場合も、あるいはアルバイトスタッフにお願いする場合も、責任感をもって取り組むようにしましょう。依頼元企業のイメージを良くすることが、回り回って、お客さまからの反響につながるのです。

少なくとも、あいさつはきちんと行なう。それが、キホンのキとなります。

完全投函がおすすめの理由

これまでにも繰り返し述べている完全投函について、ここで改めてその重要性とポイントを紹介しておきましょう。完全投函するかどうかによって、受け取る側の印象も、得られる反響も変わってきます。

そもそも完全投函とは、チラシの本体をすべてポストの中に投函することでした。チラシの一部がはみ出ていたり、フタの隙間に挟まっていたりする状態は、完全投函とは呼べません。あくまでも、**チラシ全体をポストの中に入れる**のがポイントです。

郵便や宅配便の再配達依頼票などは、家人が気づきやすいよう、あえて完全投函していないことがあります。それらは、ほぼ確実に見てもらえるものであり、かつ短期間で手に取ってもらえる可能性が高いためにそうしています。

しかしチラシは、必ず手に取ってもらえるとは限りません。しばらく放置されたのち、時間が経ってから手に取ってもらうケースもあります。そうなると、完全投函していないことによって、チラシが汚れたり、雨に濡れたりすることも考えられます。

汚れたチラシがポストに入っていると、印象は最悪です。それこそ、ゴミを投函しているのと変わりません。投函したときはきれいだったとしても、手に取ったときに汚れていたとしたら、結果は同じです。

雨に濡れている場合も同様です。誰しも、濡れたチラシを手に取りたいとは思いません。できるだけ触れることなく、ゴミ箱に捨ててしまうでしょう。それでは、どんなチラシであっても反響は得られません。

1000分の8の反響のために、できるだけ良い印象を与える工夫をする

某デリバリー会社の社員さんが語っていたことですが、もともとチラシというもの自体、1000分の8ほどしか反響が得られない媒体です。つまり、残りの992世帯では処分されてしまっています。それでも、手に取ってもらっていることに変わりはありません。

たとえ捨てられるとしても、できるだけ良い印象を与えようと工夫することは、非

常に重要です。そのような心がけが、8件の反響につながっているということを忘れてはなりません。やはりポスティングは、総合力がものを言うのです。

適当に配っている人には、それなりの結果しかついてきません。**ドアポストへの投函や完全投函を徹底できない人は、チラシによる反響を体感できず、結果的にモチベーションを下げる**こととなります。

さらに、ポスティングによってクレームにつながってしまえば最悪です。完全投函をせず、風で床にチラシが散乱してしまえば、クレームにつながっても仕方ないでしょう。事実、そのような事例は少なくありません。

特に夏場は、重なったチラシでポストの入り口が開いたままになり、そこから虫が侵入することもあります。そうなると、ポストを開けるたびに、虫の死骸を除去しなければならないこととなるのです。それもまた、クレームにつながる一因となります。

特殊な事例ではありますが、**チラシを完全投函していなかった結果、事件に発展した事例もあります。**ポストの入り口に垂れ下がったチラシに、火をつけられたのです。たちの悪いイタズラですが、そのきっかけはチラシだったのかもしれません。

こうした事件はごくまれにしか発生しませんが、それでも、用心しておくに越したことはありません。チラシを完全投函しておけば、イタズラを未然に防止することにもなるのです。そういった意味でも、完全投函は重要なのです。

慣れてくれば、すばやく的確に完全投函できるようになります。それまでは、両手を使って丁寧に、完全投函を実施していきましょう。

ポスティングの効率を上げる「千手観音テクニック」

本章の最後に、実際にチラシを配る際の手法「千手観音テクニック」について紹介しておきましょう。千手観音テクニックは、**複数企業のチラシを併配するときに欠かせない技術**となります。

たとえば、マンションなどの集合住宅でチラシをまく場合、1回に持てるチラシの量は80~90枚ほどとなります。現地までは自転車やバイク、クルマなどで移動するのですが、そこから先は、トートバックなどにチラシを入れてポスティングするためです。

そのとき、1社のチラシだけなら1つのバッグに入れてもいいのですが、複数社のチラシを併配する際には、やはり複数のバッグを持たなければなりません。おすすめは、**ショルダーバッグとトートバッグの併用**です。

トートバッグだけだと、2つ持てば両手がふさがってしまいます。片手に2つずつ持ったとしても、トータル4つです。しかもそれでは、配るときに手がふさがっているため、いちいち降ろさなければなりません。

一方、両肩にショルダーバッグを斜めがけにし、そのうえで片手にトートバックを持てば、バッグを置くことなくポスティングできます。さらに、腰にもウエストポーチを装着すれば、複数社のチラシを難なく持ち運ぶことができます。

ショルダーバッグとトートバック、さらに**ウエストポーチ**を使えば、最大で12種類のチラシを一度にまくことができます。もちろん、これは私の場合なので、**慣れるまでは5種類前後にとどめておく**といいでしょう。

実践！「千手観音テクニック」

このように、複数のバッグを上手に使ってチラシを区分けし、効率よくポスティングするのが千手観音テクニックです。あらかじめ、どのバッグにどのチラシを入れたのかを把握しておけば、何も考えずに次々とチラシを投函できます。

具体的にイメージしてみましょう。20世帯が住むアパートに4種類のチラシを持っていく場合、バッグに入れなければならないのは80枚となります。ショルダーバッグやトートバックなどが4つあれば、各20枚ずつ入れる計算です。

それらを持ったまま、**それぞれのドアポストでチラシを束ね、丁寧に投函**していきます。すでに述べているように、完全投函はもちろんのこと、チラシの向きにも配慮して入れるのがポイントです。

20世帯であれば、これと同じことを20回繰り返すことになります。移動時間も加味して、**1日あたりおよそ1000枚を目安にポスティングしていく**わけです。やればやるほど、バッグの使い方や投函もスムーズに行なえるようになります。

ちなみに、地域によっても異なりますが、現地までの移動は人それぞれです。私はクルマを使うことが多いのですが、アルバイトスタッフには電動自転車やバイク（スーパーカブ）などを使ってもらっています。

ポスティングのスピードで考えると、最も速いのはバイクを使う場合でしょうか。

新聞配達員がそうしているように、現地まで行って配り、また移動して配るといった行動を繰り返していると、1日1000部はそれほど大変ではありません。

また、小回りがきくという点で言えば、電動自転車も便利でしょう。乗せられるチラシの量には限りがあるものの、移動の手間がかからず、また電動なのでそれほど体力もいりません。移動距離が短い場合は特におすすめです。

あとは、**配るチラシのサイズも考慮しておく**といいでしょう。チラシはすべて同じサイズなのではなく、ハガキサイズのものもあれば、A4サイズまでさまざまです。それらの大きさも考慮し、使用する移動手段やバッグを検討しましょう。

第7章

アルバイトにチラシを捨てさせない方法

——アルバイトスタッフの管理術

アルバイトの管理体制を整える

第7章では、アルバイトスタッフを採用してポスティングビジネスを行なう際に、留意しておきたいポイントについて見ていきましょう。適切にポスティングしてもらえるよう、管理体制をきちんと整えることが大切です。

より事業を安定化させ、収益を拡大していくために、アルバイトスタッフを採用したいと考える人は多いかと思います。人手が増えれば増えるほど、配布できるチラシの数は増えますし、それと比例して収益も拡大していきます。

ただし、アルバイトスタッフが増えれば、それだけマネジメントに気をつかわなければなりません。なぜなら、管理体制をきちんと整えていないと、サボったり不正をしたりする人が出てきてしまうためです。

そもそも、ポスティングビジネスにおけるアルバイトスタッフは、一般的な雇用契約ではなく、「業務委託契約」によって依頼することとなります。事業がいつ、どのくらい発生するのかわからないため、そうした契約形態をとるのです。

そうした体制はアルバイトスタッフも稼ぎたいときに稼げることに加えて、事業主としても、仕事があるときにお願いできるため、お互いに利点があります。あとは、仕事が発生しているときに、きちんとポスティングしてもらうだけです。

しかし、すべてのアルバイトスタッフが、必ずしもきちんとポスティングをしてくれるとは限りません。特に、弊社が行なっているようなドアポストへの投函や完全投函など、**手間がかかる作業は、繰り返しレクチャーしなければ身につきません。**

そのときに、アルバイトスタッフ個人の人間性を責めても仕方ないでしょう。問題なのは、管理体制をきちんと整えていないことにあります。

アルバイトを管理する3つのツール

人間というのは、どうしても楽をしてしまうものです。そうできないよう、きちんと準備しておきましょう。

具体的には、**「GPS」「20カ条」「業務委託契約書」**の3つを用意しておきます。最低限、これら3つをあらかじめ準備しておけば、魔が差してサボってしまったり、チラシを捨ててしまったりすることはなくなります。
それぞれのツールについて、そのポイントを見ていきましょう。

①GPS

GPSとは、「グローバル・ポジショニング・システム（Global Positioning System）」のことです。その名のとおり、衛星測位システムを活用し、位置情報を把握するシステムを指します。

最近では、スマートフォンなどにもGPSが搭載されているため、使ったことがある人も多いのではないでしょうか。このGPSをアルバイトスタッフに持たせれば、いつどこにいたのか確認することができ、喫茶店などでサボることができなくなります。

GPSは、多数の営業マンを抱えている企業でも使われています。個々人の軌跡をたどるというよりは、抑止的に持たせることで、社員を管理しているのです。特にポスティングビジネスの場合、クライアントへのアピールにも使えるのでおすすめです。

②20カ条

「20カ条」は、ポスティングしてもらう際に守ってもらうルールです。このように、あらかじめルールを明文化しておけば、「言った言わない」で揉めることもなくなります。また、繰り返し読んでもらうことでより徹底してもらえます。

具体的な内容としては、次のとおりです。

【大原則】ポスティングはサービス業である！

1・印刷物はお客様（クライアント様）からお預かりした大切な『商品』です。チラシ制作費や印刷代などたくさんの時間と労力、お金が掛かっています。絶対に汚さず濡らさず、細心の注意を配りながら1枚1枚配布し、且つ丁寧に扱う事。

2・配布作業中は『お客様（クライアント様）の社員である。』という気持ちでポスティングをする事。

3・不正行為【チラシを捨てる・虚偽の報告・配布禁止場所への投函（(1) 広

告を投函しないよう指示があった建物（２）住人もしくは建物管理者の方と広告を投函しないことを確認した建物（３）靴を脱ぎ、物件内部に侵入しなければ各個人に配布できない建物（４）住人の広告投函拒否の意思が示されている建物（５）広告投函による金品要求や法的措置、クレーム等の記述のある建物）など】については、事実を確認した上で厳しく罰します。また捨てる・燃やす・埋めるなどは不法投棄、損害賠償訴訟問題になりますので絶対にしないでください。誠心誠意、不正のないように配布し、報告をする事。

4．ポスティング中に家主や店子に出くわしたりしたら笑顔でハキハキとした挨拶をする事。

5．印刷物を投函する事が仕事ではなく、お客様（クライアント様）に代わってお客様（クライアント様）の販売促進、売上ＵＰのお手伝いをする事が仕事だと認識する事。

6．配布時間は、日没時は避ける事。

7．指示した担当のエリアを超えるとそこは別のスタッフのエリアとなり、同じチラシを二度投函することになります。絶対に決められたエリアから逸脱しないように注意する事。

8・ポストへの投函は、丁寧に奥まで入れ、外部に少しでも出さない事。印刷物を完全にポストに入れないと雨の日にそこから水が滲みてポスト内の他の郵便物を汚してしまうことがあります。住人に多大な迷惑をかけ、さらにはお客様（クライアント様）のブランド名を汚すことにもなり、また見た目も綺麗でないので必ず完全投函する事。

9・門からポストにたどり着くまで距離の長い家は、たとえ悪気がなくても不法侵入になる恐れがあるので住人に確認をとってから配布する事。（怠った場合は家主から訴えられる可能性もあります。）

10・玄関前などに投げ込み行為はしない事。

11・配布物はもとより自転車・バイク・車など置き忘れがないようにする事。

12・ポスティング先で配れない事情（ポストが無い・犬がいる・投函禁止の明記など）がある時は、必ず住所や状況をメモして報告する事。

13・ポスト投函の際にポスティング禁止やポスティングお断り等の表示があれば絶対に配布しない事。

14・集合ポスト配布・マンション・ハイツ・コーポ等の場合は、管理人に許可をもらう事。配布を断られた場合は陳謝し、速やかに引きさがる事。またその際には、必ず住所や状況をメモして報告する事。

15・管理人から許可をもらい集合ポストにポスティング禁止表示が無くても、個別の部屋ポストにだけポスティング禁止の表示があれば、そのポストには投函しない事。

16・マンションや団地の部屋番号が表記されていない、または空室や予備のポスト、管理人のポストには投函しない事。

17・印刷物などが、たくさん詰まっているポストには投函しない事。

18・古い印刷物などが、一枚でも入っているポストには投函しない事。

19・エリア長による現地配布チェックを毎日、目視で行っています。配布漏れがないように自分で必ず確認する事。

20・配布報告を所定のメールアドレスまで毎回、その日の20時までに報告する事。

③業務委託契約書

最後は、業務委託契約書についてです。すでに述べているように、ポスティングビジネスで採用するアルバイトスタッフとは、業務委託契約を結びます。その際の必要事項を、事前に契約書として交わしておく必要があります。

具体的な内容としては、一般的なもので構いません。参考までに、弊社で実際に使用しているものを **http://frstp.jp/post** より**PDFデータにて無料ダウンロード**できます。本書の巻末ページにあるQRコードからもアクセス可能です。ぜひ参考にしてください。

不正をさせないのは、事業主の責務

GPS、20カ条、業務委託契約書などのツールを活用し、アルバイトスタッフに不正をさせないことは、事業者としての責務です。そうならないよう、あらかじめ仕組みを用意し、未然に防止するようにしてください。

ポスティング会社の中には、預かったチラシのうち、全体の3分の1しか配っていないところもあるようです。軒並み配布をしているのにもかかわらず、依頼元の企業へ反響がない場合は、まず配布していないと考えていいでしょう。

あるクライアントから聞いたところによると、1日で5000枚配ると言っていた業者に依頼した際、なかなか反響が得られず苦労していたそうです。そこで調べてみると、世帯そのものが1000しかなく、残りの4000枚は配布していませんでした。

すでに述べているように、ポスティングによって得られる反響は、全体の1％未満です。それも、きちんと配布しての数字であるため、「バレなければいいや」と考えてしまうポスティング会社も存在しているようです。

クライアントを騙《だま》して事業を行なうなど、言語道断です。

信頼して任してくれている以上、こちらもその期待に応えなければなりません。誠実に、そして結果が出るやり方でポスティングを行なうのが、絶対的なルールです。

しかし、採用したアルバイトスタッフも、同じような熱量をもっているとは限りません。特に、**始めたばかりの人は、ポスティングを甘く見ている**ケースが多く、ルールを徹底させる必要があります。

定期的なブラインドチェックを実施する

中でも、**注意が必要なのは経験者**です。経験者なら問題なくポスティングしてくれると思われがちですが、できるだけ楽に配るクセが身についていることも多く、ドアポストへの投函や完全投函をしない場合があります。

そうならないよう、定期的に「ブラインドチェック」を行なうようにしましょう。ブラインドチェックとは、**アルバイトスタッフに気づかれないように、チラシの投函状況をチェックする作業**のことです。これを、定期的に行ないます。

具体的には、チラシを持って出発したアルバイトスタッフのあとをつけていき、ドアポストに投函しているか、完全投函できているかなどをチェックします。ぴったり尾行しなくても、チラシの投函状況だけ確認すれば問題ありません。

「そこまでしなくても……」と思う人もいるかもしれませんが、そもそもポスティングというのは、何かと理由をつけてサボってしまいやすい仕事です。最初は真面目に仕事をしていた人でも、疲れていたり、寝不足だったりすると、楽をしようとするものなのです。

ちょっとしたきっかけで「そこまで真面目にやらなくてもいいか」という発想を抱いた瞬間、これまで心がけていたやり方を守らなくなるというのは、よくあることです。それは、**個々人の人間性に問題があるのではなく、人としてありがちなこと**なのです。

事業者としては、そのような人間の特性まで理解したうえで、対策を講じなければなりません。少なくとも、GPS、20カ条、業務委託契約書を完備し、さらに定期的なブラインドチェックを行ないましょう。

これからポスティングビジネスに着手する人の中には、そのような対策をとるのではなく、「性善説」で対応したいと考える人もいるはずです。しかし、**クライアントのためにも、厳しい姿勢で臨む覚悟が必要**です。

思い出してください。チラシは、クライアントからの預かり物です。きちんとポスティングできるかどうかは、自分たちだけでなく、お客さまにも関係することなのです。そうした認識を持つようにしてください。

アルバイトスタッフに、袋詰めまでやってもらう理由

不正を防止するための工夫として、弊社では、アルバイトスタッフに袋詰めをお願いすることがあります。

袋詰めとは、複数枚のチラシをまとめて配ってほしいという依頼をいただいたときに行なっている作業のことです。

チラシは、いつも1枚だけとは限りません。いくつかのチラシをまとめて販促ツールとして活用している企業もあれば、最初から複数枚のセットでチラシを用意しているところもあります。

そのような場合、チラシをバラバラに配るのではなく、袋に入れて投函します。その袋詰め作業も弊社で受注しているのですが、それをあえて、アルバイトスタッフにお願いしているのです。

それには理由があります。

袋詰め作業は、難しくない作業なので、つい事業主自ら行なってしまいがちです。それをあえてアルバイトスタッフにお願いすると、そのチラシに対する思い入れが変わります。**チラシを大切に扱ってくれるようになる**のです。

もちろん、袋詰めの作業代もきちんと支払います。そうすれば、みんな喜んで取り組んでくれるのです。しかも、自分で袋詰めしたものだから、丁寧に配ってくれる。これもまた、**不正を防止するためのテクニック**となります。

袋詰め以外にも、チラシを折り込んだり、重ねたりする作業があれば、同様にお願いするケースがあります。これも袋詰めと同じように、不正防止につながります。

重要なのは、自ら作業してもらうことです。

不正防止という効果だけでなく、袋詰めや折り込み作業をアルバイトスタッフにお願いすれば、自分の時間がつくれるようになります。事業主は、つい自分で何でもやってしまいがちだからこそ、委託することが大事です。

特に、**月商が50万円を超えている事業者の場合、自分でやるのは避けたほうが無難**です。他の仕事が疎かになりますし、忙しすぎるとミスも重なります。できるだけ早急に任せられる体制を整えましょう。

外注を避けたほうがいい作業

袋詰めや折り込み作業も、初めてやる場合は時間がかかります。アルバイトスタッフにお願いするケースでも、最初のうちはスピードが上がらず、手間取ってしまうこともあるはずです。できるだけ早く、慣れてもらうことが大切です。

慣れてしまえば、袋詰めや折り込みから配布までの作業を、スムーズにこなしてくれます。そうなれば、事業者の負担はより減ることとなるわけです。しかも、不正防止につながるのであれば、一石二鳥でしょう。

もっとも、**まだ収益がそれほど安定していない段階であれば、無理にアルバイトスタッフに任せる必要はありません。**そのような状況で任せてしまうと、収益を圧迫することにもなり兼ねません。状況に応じて、適切に判断するようにしてください。

また、**袋詰めや折り込みのみを外注するのも、基本的にはおすすめしません。**発注の手間がかかりますし、何より配布するアルバイトスタッフの不正防止につながらないためです。どうしても人手が足りないときのみ、検討すればいいでしょう。

このように、袋詰めや折り込み作業を同時に受注できる体制を整えておけば、さまざまな依頼に対応できるようになります。そうすれば、依頼を断らずに済みますし、何よりお客さま満足に貢献します。

私自身、かつて群馬大学から依頼された際、アンケート用紙や返信用封筒などの封入から配布までを依頼されましたが、しっかり対応できたため、非常に喜んでいただきました。こうした対応が、お客さまからの評価につながっていきます。

ポスティング禁止のシールが貼られていたら？

アルバイトスタッフの管理と同様に、注意しておきたいのが、ポスティングにおける細かなルールです。特に、「投函先の住人が嫌がるようなことは絶対にしない」と事前に規定しておくようにしましょう。

たとえば、よくあるのが「ポスティング禁止シール」への対応です。市販のシールをポストに貼っているケースが多いですが、手書きの場合もあります。いずれにしても、**そのようなポストにチラシを投函することは厳に慎むべき**です。

体育会系の営業会社などでは、たとえ「セールス禁止」というシールが貼られていても、営業をかけるそうです。むしろ、そのようなシールが貼られているということは、押しに弱いとすら考えることもあるとのこと。

しかし私は、ポスティング禁止と書かれている以上、絶対にポスティングしません。チラシを投函することで、**相手が不快な思いをするかもしれない**からです。NOという意思表示をしているのですから、ポスティング会社にはそれを尊重する姿勢が求められます。

もちろん、**あらかじめクレームを避ける**という意味においても、こうした家庭にはポスティングするべきではありません。場合によっては、1枚のチラシを投函しただけで、クレームにつながってしまうこともあるでしょう。

ただ、クレームの有無にかかわらず、「相手が嫌がることはしない」という基本原則に則って行動することが大切です。それを基本的な姿勢としておけば、あらゆるシーンでより良い対応をとることができるようになります。

アルバイトスタッフ採用のチェックポイント

重要なのは、「つねに見られている」という意識です。見られていると思えば、サボったり、適当に配布したりしなくなります。そうした意識をアルバイトスタッフにもたせることも、事業者の仕事なのです。

その点で言えば、**身なりに気をつかうことも大事**でしょう。ポスティングしている姿を他人に見られているということは、不審に思われるような格好や、明らかに薄汚れた見た目は避けるべきだとわかります。

細かいことではありますが、郵便配達員や宅配業者とは異なる雰囲気の人を、そこに住む住人たちは想像以上にチェックしています。服装に違和感があったり、汚い印象があったりする人に対しては、より注意深く観察しているものです。

見た目だけとは限りません。**ポスティングしている最中の音や仕草などにも注意し**たほうがいいでしょう。アルバイトスタッフを採用する際には、そういった部分まで配慮できるかどうか、チェックしておくことが求められます。

ちなみに、アルバイトスタッフを採用する際には、**「応募」「面談」「実務開始」**という流れになるのが基本です。コンビニやファミレスなど、一般的なアルバイトスタッフの採用過程とほぼ変わりません。

具体的な確認事項は、次のとおりです。

【応募】

・名前
・住所（町名まで）
・経験の有無
・スマホの有無
・大まかな勤務希望日数、委託料の希望
・配布時の移動手段
・自宅での受け取りが可能かどうか

【面談】

・20カ条の説明

・契約書の説明

↓内容に合意できれば応募票（後日、作成します）の記入

・メールアドレスなど連絡手段の確認

・面談後、自宅の確認。もしくは後日、訪問のうえ確認

【実務初日（現場）】

・1時間程度、一緒に実務指導

・契約書の回収

応募と面接、さらには実務初日の段階で、「提示したルールを守れるか」「身だしなみは問題ないか」「滞りなくポスティングできるか」などの点まで確認しておけば、実際に働いてもらう際にも、トラブルなどを未然に防ぐことができます。

不正を防止する最重要ポイント

不正を防止する姿勢は、**アルバイトスタッフだけでなく、自分自身に対しても持っておく**べきです。

まず、自分自身が正しい行動をとること。それが、アルバイトスタッフを含む、社内全体のルール徹底につながります。

そのような意味において、「日報」の送信、「ブログ」の更新は重要だと思います。日々、やるべきことをきちんとこなしていく。そのような心的姿勢が、仕事に対する意識を養うこととなり、良い仕事を生むのです。

「日報」の役割と書き方

すでに述べているように、クライアントへの日報の送信は、毎日必ず行ないます。

基本的に雨の日は、ポスティングを行ないませんが、日報の送信は実施します。そのように、毎日行なうことが大切です。毎日行なえば、やがて習慣になります。

ポスティング会社の中には、日報ではなく週報を送るところも多いようです。毎日報告するのではなく、週に1回だけ報告するというやり方です。ただそれだと、「本当に配布しているのか」と、クライアントを不安にさせてしまいます。

中には、ポスティングの完了報告のみしている業者もあるようです。そのような仕事をしていると、反響が得られなかった場合、次の仕事は任せてもらえないでしょう。やはり、日報として毎日必ず送付するべきです。

そもそも日報とは、**「きちんと配っているのでご安心ください」という思い伝えるためのもの**です。余計な心配をさせることなく、途中経過をしっかりと伝えようとする姿勢が求められます。その姿勢が、クライアントにも伝わるのです。

日報の内容そのものは、簡単なもので構いません。**「日付」「お預かり数」「残数」「エリア名」「配布枚数」**などが記載されていれば問題ないでしょう。参考までに、弊社で使用している日報を紹介しておきます。

日報（初日）サンプル

配布報告書　2017年10月分　　株式会社クラシード

リフォーム寿株式会社伊勢崎支店御中
軒並配布

日付	お預かり数	残数	エリア名	配布枚数
9月21日	68,000			
10月1日			三室1丁目	1208
10月1日			八寸	489
10月1日			三室2丁目	1,421
10月1日			昭和	1082
10月1日			宮前	477
10月1日		63,323		

懇切丁寧、完全投函にて『反響』が1件でも巻き起こるように
ポスティングをいたしております。
引き続きよろしくお願い申し上げます。

日報（最終日）サンプル

配布報告書　2017年10月分　　株式会社クラシード

リフォーム寿株式会社伊勢崎支店御中
軒並配布

日付	お預かり数	残数	エリア名	配布枚数
9月21日	68,000			
10月1日			三室1丁目	1208
10月1日			八寸	489
10月1日			三室2丁目	1,421
10月1日			昭和	1082
10月1日			宮前	477
10月1日		63,323		
10月2日			平和	485
10月2日			今泉①	1050
10月2日			上諏訪	1284
10月3日		57,128	雨天のため休み	0
10月4日			豊城	1120
10月4日			上植木本	652
10月4日			本関	224
10月4日			連取	3368
割愛				
10月12日		5,240		
10月13日			平井	165
10月13日			上渕名	487
10月13日			東新井	208
10月13日			伊与久	1085
10月13日			下渕名	520
10月13日			木島	203
10月13日			上矢島	142
10月13日			上武士	276
10月13日			下武士	807
10月13日			百々	184
10月13日			境西今井	130
10月13日			百々東	241
10月13日			三ツ木	309
10月13日			美原	185
10月13日			境新栄	185
10月13日			境東	113
10月13日		0		

10月13日を持ちましてお預かりいたしておりました販促物の全量配布を完了いたしました。

懇切丁寧、完全投函にて『反響』が1件でも巻き起こるようにポスティングをいたしました。

またのご縁を賜りますようよろしくお願い申し上げます。

「ブログ」の役割と書き方

次に、ブログについてです。こちらも日報と同様に、**毎日更新するのが基本**となります。頻繁に更新されているウェブサイトほど上位表示されやすくなり、またコンテンツの質・量ともに充実していくためです。

そもそもホームページを持っていないポスティング会社は論外ですが、たとえ設置していたとしても、更新していなければ見てもらえません。**SEO対策**という観点からも、毎日更新することを心がけてください。

そのとき、「どのような内容で書けばいいだろうか」と悩む必要はありません。自社がどのような会社で、どのような活動をしており、どのような考えを持っているのか発信すればいいだけです。難しく考えず、まずは気軽に書いてみましょう。

イメージとしては、**既存のお客さまや見込み客に対して、自社のことを伝えるように書けばいい**でしょう。自社のことを知れば知るほど、クライアントは安心します。

また、信頼感の醸成にもつながるのです。

ブログを更新していないと、「しばらく更新されていないけど、ちゃんと営業しているのだろうか」などと、疑念をもたれかねません。それでは、せっかくブログを設置しても逆効果でしょう。

日報の送信とともに、ブログの更新も日課にしてしまうこと。

そうすれば、やらないことが気持ち悪くなります。仕事の一環として、きちんと習慣づけるようにしてください。愚直に続けられる人ほど、多くの成果を得ることができます。

参考までに、私のブログを紹介しておきますので、ぜひ参考にしてみてください。

「株式会社クラシード公式ブログ」https://craceed.com/

第8章

「ちゅらさん」の始まりは、たった1枚のチラシだった

――ポスティングビジネスのさらなる可能性

ポスティング事業者の1日

第8章では、本書のまとめとして、改めてポスティングビジネスの魅力について紹介していきましょう。また、これからポスティングビジネスを始める人に向けて、押さえておきたい要点についても確認していきます。

ポスティングビジネスは、副業としても本業としても取り組むことが可能です。詳しい収入例については第2章で触れているとおりですが、最終的な金額というよりも、**目指したい収入を実現できるのが大きな利点**でしょう。

特に、本業としてポスティングビジネスを行なう場合、「就職しないで自分らしく稼ぐ方法」を手に入れられると言っても過言ではありません。ビジネスの仕組みはすでにできています。あとは、自分らしいスタイルで着手すればいいのです。

改めて、具体的な業務の流れを確認してみましょう。

朝起きて、まず、前の日に準備しておいたチラシの配布エリアをチェックします。

そのため、**前日の夜には翌日のチラシを用意しておくのがポイント**です。

そのうえで、ブログの更新を行ないます。

私の場合、担当しているエリアの「群馬県」や「伊勢崎市」などのＳＥＯ対策キーワードを入れつつ、仕事の内容にも触れながら、「こういう思いでチラシを配っています」といったことを紹介しています。

その後、メールをチェックしたら、ポスティング開始です。

おおむね7時半ごろでしょうか。クルマで現地まで行き、各家庭にチラシを配ります。ポスティングをしているとあっという間に時間が過ぎてしまうので、キリのいいところで昼食をとります。

午後も引き続きポスティングです。その日のノルマを確認しながら、午前中の達成度合いと折り合いをつけつつ、ポスティングしていきます。時々、頭の中で自分の仕事を時給に換算したりしながら、楽しんでチラシを投函します。

ポスティングに夢中になっていると、我を忘れたような感覚に陥ることもあります。「はじめに」でも述べていますが、私はこれを**「ポスティング・ハイ」**と呼んでいます。ポスティング・ハイになると、体を動かしていることもあり、どんどん作業が楽しくなっていくのです。

おおむね、配布の目処がつくのは4時半ぐらいでしょうか。

このころになると、肉体的にもいい感じに疲れてくるので、終了し次第、帰宅します。自宅に戻ると、日報を作成してクライアントに送信。その日の仕事ぶりをチェックします。

その後は、基本的に自由時間です。雨が降った日は1日休みですし、アベレージとしても週1日休みは確保しています。

土日に配ってくれるアルバイトスタッフを確保しておけば、土日休みにすることも可能です。

そのような場合には、あらかじめ配布してもらうチラシとGPS、エリア表などを準備しておきましょう。そのうえで、事前に注意事項も伝えておくといいでしょう。慣れてくれれば、ほとんど手間も時間もかかりません。

マネジメントのコツとして、アルバイトスタッフには、昼前ぐらいのタイミングで連絡を入れてあげるといいでしょう。状況を確認するなど、ちょっと話をするだけでも、モチベーションの維持につながります。

では、逆に土日だけポスティングをする場合はどうでしょうか。

その場合、**月曜から金曜までの作業は、ブログの更新に加えて、いただいた問い合わせに対して見積もりを返すだけ**です。

本業が終わったあと、作業すれば十分です。

このようにポスティングビジネスは、副業として行なう場合も、また本業として行う場合でも、自分らしく働けます。働き方改革が進められている今、会社に就職するのとは異なる選択肢として、検討してみてはいかがでしょうか。

地域に競合他社がいても、こうすれば勝ち残れる

私がポスティングビジネスを始めた当初、伊勢崎市にはすでにポスティング会社が存在していました。つまり、競合他社が存在している状態からのスタートだったのです。それでも、事業を軌道にのせ、拡大することができました。

その理由はやはり、ポスティング業務を徹底的に掘り下げたからだと思います。ドアポストへの投函や完全投函をはじめ、日報の送信やブログの更新など、いずれも当

たり前のことばかりです。

しかし、**その当たり前が、差別化につながった**のです。

また、**キレイなホームページをつくったこともプラスに作用している**と思います。お客さまの立場に立つと、キレイなホームページを持っている業者であれば、安心して任せられます。そうした効果も、当初から意識していました。

今思えば、そのような**顧客志向での取り組み**が、功を奏したのだと思います。

事業を徹底的に見える化し、より良い仕事をした結果、3年目には競合他社がいなくなっていました。そのとき、自分のやっていることは正しいのだと確信しました。

これからポスティングビジネスを始める方の中には、競合他社への不安があるかと思います。しかし、私が実際に成功したノウハウを活用すれば、きちんと結果を出すことができます。過度に心配する必要はありません。

すでに、本書でも再三にわたって述べてきたように、ポスティングビジネスを成功させる秘訣は、決して難解なものではありません。初心を忘れることなく、基本事項を踏まえて行動することがすべてです。

そのような意識を持っていれば、競合他社も怖くありません。事実は、私はそのようにして勝ち残ってきたのです。

どのような地域でも、どのエリアでも、同じ手法で勝ち残ることができると確信しています。

夢を叶えるためにやると、ポスティングが楽しくなる

加えて、せっかくポスティングビジネスを始めるのであれば、「夢を叶える」という意識を持ってもらいたいと思います。

事実、本書で紹介しているようなやり方でポスティングビジネスを行なえば、夢を叶えることが可能です。

たとえば、フランチャイズとして参加している愛媛の方は、「ポスティングビジネスで資金を貯めて、松山市内でスイーツ店をオープンしたい」という夢を持っていました。そして、わずか2年で目標金額を貯め、実際にクレープ屋さんをオープンさせています。

このように、目標を持ってポスティングビジネスに取り組めば、夢を実現することもできます。どうせやるのなら、大きな夢を描いてみてはいかがでしょうか。そうすると、普段のポスティングも楽しくなるはずです。

特に、**いろいろなビジネスを経験し、なかなか結果を出せなかった人にこそ、ポスティングビジネスは向いています**。なぜなら、真面目に取り組んでいるだけで、きちんと結果を出すことができるためです。

何らかの技術がなくても、器用でなくても、愚直に取り組んでさえいれば、やがて反響が得られます。反響が得られれば、口コミや紹介で自然と依頼が増えていきます。もちろん、営業スキルも向上していくでしょう。

あとは、**自らのモチベーションが下がらないように注意してください**。なかなか反響が得られないうちは、いくら正しいやり方をしていても、自信を失ってしまいがちです。そのようなときこそ、基本に立ち返ることが大切です。

自分のモチベーションを下げないためには、収入を計算してみたり、その日のノルマをチェックしてみたりすることをおすすめします。チラシを投函するたびに収入が増えていくイメージをすれば、きっと歩みも軽くなるはずです。

月給25万円でマネージャーを雇用しても、毎月25万円の利益が残る仕組み

副業としてポスティングビジネスを検討している方に、補足しておきましょう。

おそらく、副業を始めるにあたり不安なのは、「きちんとビジネスを軌道に乗せられるか」ということかと思います。

たしかに、本業が忙しい人ほど、副業に使える時間は限られます。本業のほうが忙しくなってしまった結果、副業に使える時間がさらに少なくなる可能性もあるでしょう。ただそれでも、**仕組みさえつくっておけば問題なく対応できます。**

たとえば、あらかじめ本業が忙しくなると想定される方は、マネージャーを雇ってポスティングビジネスの経営を任せてしまえばいいのです。マネージできる立場の人がいれば、事業主であるあなたがやるべきことは、それほどありません。

月50万円の利益がある場合、店長を雇って25万円支給しても、残りの25万円が純利

になります。それで年収300万円です。アルバイトスタッフへの給料も考慮に入れつつ、それだけの収入を実現するのは十分に可能です。

加えて、アルバイトスタッフの管理についても、マネージャーに任せてしまえばいいでしょう。スタッフ管理の経験がない人は、どうアルバイトをマネジメントすればいいのかは悩みどころです。それでも、任せてしまえば問題ありません。

事業を安定化させるという意味においては、1人のマネージャーと、4~5人のアルバイトスタッフがいれば盤石です。そのうえで、複数社からチラシ配布を受注できていれば、まずビジネスが傾くことはないでしょう。

もちろん、事業が軌道に乗ってくれれば、本業を辞めてポスティングビジネスに専念することもできます。その際にも、マネージャーの存在は大きいのです。あなたはビジネスオーナーとして、事業拡大に注力できるからです。

やはり、どのようなビジネスであっても、自分で業務を行なっているうちはなかなか拡大できません。士業ビジネスなどは特にそうなのですが、トップはあくまでも経営者として、事業拡大に専念することが求められます。

サラリーマンが「自分のビジネス」を持つ絶好の機会

副業としてポスティングビジネスに着手していれば、本業として取り組む際のハードルも低くなるでしょう。事業の流れも把握できていますし、現場の仕事から営業活動まで精通できているためです。

結局のところ、収入を増やすには、仕事をしなければなりません。どうせ仕事をするのであれば、副業としてでも、本業としてでも、**自分のビジネスを持っておくことが有利**なのは間違いないでしょう。

そして、自分のビジネスを持つ経験というのは、その後の人生に大きく貢献します。自分でビジネスをして収入を得るというのは、決して簡単なことではありません。当然、仕事そのものの全体像を理解する必要があります。

そうした経験が、ポスティングビジネスによって得られること自体、貴重なことでしょう。現在、サラリーマンとして働いている人は特に、そのような機会がなければ、なかなか「自分のビジネス」を経験できません。

できるだけリスクを下げ、コストをかけずに自らのビジネスを持つという点でも、ポスティングビジネスは魅力的です。人口規模がそれなりにある都市部であれば、どこでも始められます。自分でやっても、人を採用してやってもいいのです。月25万円でマネージャーを雇っても、毎月25万円の利益が残る。そのようなビジネスは、他にありません。ぜひ、確かな仕組みを有しているポスティングビジネスに、一歩を踏み出してみてください。あなたの未来が変わります。

新規事業としてのポスティングビジネス

ポスティングビジネスは、すでに他の企業を経営している経営者や、異業種の新規事業としてもおすすめです。事業としての仕組みが整っており、少ないコストとリスクで始めることができるためです。

現状、多くの企業では、つねに新規事業のタネを探していることと思います。いくら本業が順調でも、これから先も伸び続けるとは限らないからです。そして何より、企業としての成長を模索するために、新規事業が必要です。

一方で、きちんと稼げる新規事業は、なかなか見つかりません。アイデアはたくさんあっても、その多くが収益を生むというより、本業の収入を侵食してしまう。それだけ、ビジネスを成立させるのは難しいものです。

特に、キャッシュポイントをつくること、つまりマネタイズの部分で悩んでいる人は多いことでしょう。どれほど社会の役に立ったとしても、お金を生まないのであれば、事業としては成り立ちません。

そこで、ポスティングビジネスを活用してみてはいかがでしょうか。本書で紹介しているポスティングビジネスなら、どのような仕組みで、どのようにマネタイズできるのかが明確です。また、ニーズも確実に存在しています。

すでに市場があり、顧客がいて、手法も確立されている。新規事業を検討するにあたり、これほど望ましい条件は他にありません。そこに、新規事業としての、ポスティングビジネスの優位性があるのです。

加えて、**既存の事業との相乗効果も期待**できます。チラシの活用は、地域密着型のビジネスを展開している人を中心に、広告手法として優れています。営業活動ととももに、自社でチラシを活用すればいいのです。

もちろん、ポスティングビジネスが軌道に乗ってくれれば、別会社として経営することも可能です。**グループ会社として経営**すれば、より組織全体の収益力向上につながるでしょう。そうした視点でも、検討に値すると思います。

余談になりますが、**既存のビジネスとは別に広告関連の会社をつくっておく**と、事業全体がより強くなります。どのようなビジネスであっても、集客や広告宣伝に苦労するため、その部分を補完できるのは大きいのです。

ポスティングだけでなく、チラシのデザインや印刷まで行なっていれば、それだけでかなりの収益となるでしょう。加えて、既存のビジネスを宣伝広告という側面から補完してくれるのであれば、着手しない手はありません。

また、**チラシのデザインを通じて、社内でクリエイティブな活動ができるようになれば、それだけでさらなるビジネスに発展する可能性が大きくなります。**

なぜなら、クリエイティビティがあれば、メディアもつくれるからです。

たとえそこまで考えていなくとも、新規事業としてポスティングビジネスを検討する余地は、十分にあると考えられます。何より**収益の安定化を実現できる**という意味において、非常に優れた仕組みなのです。

これから先、どんなにテクノロジーが発展しても、ＡＩやＩｏＴなどの技術が普及しても、地域密着型のチラシという広告媒体は残り続けると予想されます。チラシは、誰に対しても、直接的に伝えられるツールだからです。

原始的な手法だからこそ、一定の効果を得られ、かつ、あらゆる層にアプローチできる。そんなチラシの有効性について見直し、新規事業を検討している方は、ぜひ着手してみてはいかがでしょうか。

ベンチャー起業するより、ポスティングビジネスを始めよう

ポスティングビジネスは、若い人が行なう事業としても向いています。収益を生めるかどうかわからないベンチャー企業を起こすより、まず、ポスティングビジネスでしっかり稼いでみてはいかがでしょうか。

近年では、大学在学中から起業する学生も増えてきました。さすがに海外ほど起業

する人が増えているわけではありませんが、それでも、優秀な学生起業家が誕生しています。彼らは、これからの日本を担う存在となるでしょう。

一方で、ビジネス経験が乏しい人の起業は、失敗する確率も高いのです。特に、大きな借金を背負って起業した結果、事業が成り立たずに失敗してしまうと、借金だけ残ることにもなりかねません。そうした懸念が、起業する人を少なくしています。

しかも日本の場合、「出る杭は打たれる」という風潮があります。失敗した人に対して決して寛大ではなく、むしろ「それ、みたことか」といった声さえ聞こえてくるほどです。それでは、起業家が少なくても無理はありません。

もちろん、夢を抱くことは大切です。ポスティングビジネスに着手しようと考えている人も、ぜひ夢を抱いてもらいたいと思います。

ただ、夢を実現するためには、それに見合うだけの稼ぎが必要なのも事実です。どんなに壮大な夢を描いても、実現可能性が乏しければ、単なる夢想となってしまいます。やはり、ある程度の成功の可能性があってこそ、取り組む価値があるのです。

そこに、ポスティングビジネスをすすめる理由があります。

まず、若いうちにポスティングビジネスを経験し、事業経営の基礎を学んでみてはいかがでしょうか。**あらかじめ仕組みが構築されており、また、着手しやすい**ポスティングビジネスであれば、最初に取り組む事業として最適でしょう。

加えて、**副業規模から本業規模まで、拡大させることも可能**です。規模を自由に調整できるというのも、若い人が取り組むうえで強みとなるでしょう。柔軟性があるビジネスは、新しいものに敏感な若者に最適です。

たとえば、学生起業家としてポスティングビジネスに取り組み、配布スタッフとして学生を採用してみるのはいかがでしょうか。アルバイトをしたがっている学生はたくさんいます。やり方次第で大きく稼げるため、取り組みたい人は多いでしょう。

そのうえで、配布エリアに精通し、地域社会に貢献できれば、別のビジネスをする際にもプラスになるでしょう。地域とのつながりができれば、そこから新しいビジネスに発展する可能性もあります。まさに、ポスティングすることによって次につながるのです。

現状、多くの学生は「新卒一括採用」の流れに乗って、一斉に社会へ出ていきます。その過程で、安い給料に苦しみながら、仕事を覚えていくこととなります。しかし、そのような流れは、すでに古くなっているのではないでしょうか。

これからの時代、学生のうちに起業してもいいですし、あるいは新卒として就職するのではなく、そのまま自分のビジネスをしてもいいのではないでしょうか。そのときに、ポスティングビジネスもひとつの選択肢となるはずです。

いずれにしても、自分のビジネスを持つことは、座学では習得できない大きな学びを得るチャンスとなります。それを学生のうちに、しかも限られたリスクでチャレンジできるというのは、とても貴重だと思います。

コンビニやファミレスでアルバイトをするよりも、自分のビジネスに励んだほうが、その後の人生にもプラスとなるでしょう。ぜひ、ベンチャー起業するより、ポスティングビジネスを始めてみてください。

「ちゅらさん」の始まりは、たった1枚のチラシだった

最後に、国民的ドラマであるＮＨＫの「ちゅらさん」についても触れておきましょう。

ちゅらさんの主人公である和也は、重い病気を患っていました。入院中、病院の屋上のベンチに座っていると、どこからともなく小浜島の「こはぐら荘」のチラシが飛んできたのです。

和也は、この民宿に行くことが「神に定められた運命」と感じ、その後、小浜島に行くことを決めました。まさに1枚のチラシが、和也だけでなく、その家族の運命まで変えてしまったのです。

このドラマに限らず、1枚のチラシには人の運命を変える力があります。私はこれまで、たくさんのチラシをまいてきたことを、とても誇りに思っています。

チラシには、強い思いが込められています。クライアントの思いが詰まったチラシや販促物は、クライアントの存在そのものです。それを配り、商品やサービスを知ってもらうことで、ユーザーを幸せにすることもできます。

またそれにより、クライアントも幸せになり、当然、配布を請け負ったポスティング会社も幸せになります。まさに三方良しの状態ができあがり、それぞれが幸せになっていくのです。

私は**チラシを配ることは、幸せを配ることと同じだ**と思っています。みんなの運命が1枚のチラシから変わっていくからです。

開業当初、たった1枚のランディングページをつくったことから、私のポスティングビジネスは始まりでした。当時、妻からは「1枚6円でチラシを配るだけで生活なんかできるわけがない！」と毎日のように言われ続けました。

それでも、お預かりしたチラシ1枚1枚を丁寧にポスティングし続けた結果、現在の成功という結果がついてきました。今では、このビジネスをより多くの人に知ってもらい、実行してもらうために活動しています。

信頼性が高まるにつれて、地方自治体からも依頼をいただくことができました。たとえば、群馬県の某市役所からは「翌年の予算確保のため、広報誌のポスティングをお願いします。いくらであれば対応可能でしょうか」という依頼がきたのです。

これもまた、少しずつ信頼を獲得してきたおかげでしょう。

さらに、**ポスティングビジネスは、地域の商流を活性化するビジネス**でもあります。クライアントを1店舗から2店舗、3店舗と拡大させたり、あるいは商店街を活性化させたりすることも可能です。

ポスティングビジネスは、そういった「街の循環をつくる仕事」でもあると自負しています。ほとんど人と話すことができない人も、これをきっかけに仕事を手に入れ、生活の糧にすることができます。つまりそれは、人を救う営みとも言えるのではないでしょうか。

多くの人の運命を変える。それが、ポスティングビジネスなのです。

半径20km以内で人口40～50万人前後の地方都市であれば、どこでも開業可能です。そして月に、１００万円の利益を出すこともできるのです。

「運命を変える仕事に挑戦したい！」

そう思う人を、私は心から応援したいと思います。ポスティングビジネスであれば、実際に、運命を変えることも可能なのです。

おわりに

本書で紹介したように、ポスティングビジネスは副業でも本業でも取り組めるすばらしいビジネスです。私自身、ポスティングビジネスによって助けられ、大きく人生を変えることができました。そしてそれは、あなたにも可能です。

さらに、営業力がある人であれば、より多くのお客さまを獲得することも可能です。やりようによっては、本業として大きく稼げるのです。

その前提となるのは、きちんと反響があること。弊社クラシードとしてポスティングビジネスをやるからには、反響、つまり口コミが続くというのが前提です。

残念ながら、他のポスティング会社の中には、ほとんど反響がなかったり、きちんと配っていなかったりする事例が散見されます。

また、お客さまから預かっているチラシの管理が雑で、野積みになっていたり、シートさえかけられていなかったりする場合もあります。これでは、反響が得られるはずもありません。

一方、効果が限定的な新聞折込チラシを、ただ打ち続けている企業も少なくありません。しかも新聞は、購読率そのものが低迷していることもあり、さらに効果に疑問符がつく状況です。

そうした状況を危惧して、ポスティングに切り替えようと考えている企業も少なくありません。

しかし、信頼できるポスティング業者はなかなか見つからないようです。つまり、多くの企業が、信頼できるポスティング業者を探しているのです。

日々、営業活動をしていると、そのような声を聞くことが多々あります。「信頼できる業者がいなくてね」「新聞折込チラシだと効果がなくて……」などと嘆く社長や店長がいかに多いことか。

そのような人々に対し、弊社クラシードのやり方を丁寧に説明すると、喜んでお任せいただけます。しかも、きちんと成果を上げられるため、二重の喜びを提供できるのです。

「ポスティングって、こんなに効果があるものなんだ！」
「これほど反響を得られるなんて、思ってもみなかったよ！」

そういった声をいただくたびに、私は「ポスティングビジネスをやっていて良かったな」と心から思います。ぜひ、本書をお読みいただいたあなたにも、同じような気持ちを味わっていただきたい。そのように強く思っています。

もちろん、何も考えずにチラシを配るだけで反響が得られるわけではありません。本書でも述べているように、ドアポストへの配布を徹底し、配り方や住人へのあいさつなども欠かさず、さらにはお客さまへの日報配信、ブログ更新などもきちんと行なうこと。

そのような日々の積み重ねが、お客さまの獲得とチラシの反響につながります。

真摯《しんし》に、誠実に、そして愚直にやるべきことをやる。

それ以外に、成果が得られる方法はありません。どこかで楽をしようとすれば、それだけ結果も落ち込みます。

しっかり、きっちり、楽しみながら真面目にポスティングビジネスをする。それは実に、気持ちのいいことです。そしてその先には、大きな稼ぎと、自由な暮らしが待っています。

なお、左記のQRコードからメールマガジンへご登録していただくと、ポスティングをさらに深掘りした動画をプレゼントいたします。ご興味のある方はぜひチェックしてみてください。

2020年6月

松島宣武

【著者プロフィール】
松島宣武（まつしま・のぶたけ）
株式会社クラシード代表取締役。
1973年群馬県伊勢崎市生まれ。建築板金用資材販売及び建築板金工事業請負業を営む実家に生まれる。23歳で父の同業者、JFE日建板株式会社へ入社。26歳、父の会社へ入社。当時から借金でギリギリ回していた経営状態だったにもかかわらず、抱えていた職人への給料などの大盤振る舞いに気づく。2011年の東日本大震災の影響で、6カ月の支払手形決済について突然、翌月現金払いをするよう問屋筋から迫られる。同年11月、父（代表取締役会長職）を説得し、会社の破産手続きをすることを決定。負債額は2億5000万円。個人負債は2億円。その後、元々好きだったWebサイト制作を独学で学び始める。2014年1月、たまたま以前からアルバイトとしてチラシデザインを請けていた会社から人材不足によりポスティングを手伝ってくれとの要請がきっかけで「ポスティングビジネス」についてリサーチを始める。2014年2月、クラシードという屋号で簡単なランディングページを作成し、ポスティングのポータルサイトに掲載すると、田舎にもかかわらず見積依頼が多く「これはいける！」と感じ、1カ月だけ地元の郵便局へアルバイト修行。同年5月、クラシード（個人事業）としてポスティング業スタート。妻と2人でポスティング業を始める。2015年4月からフランチャイジー募集スタート。同年7月からクラシード愛媛がフランチャイジー1号店として加盟。2016年の1年間でフランチャイジー32店舗加盟店獲得。同年9月、ポスティング専用のポータルサイト（http://posting.site/）をローンチ。ポスティングビジネス業界の風雲児として注目を浴びている。

◎株式会社クラシードHP：http://craceed.com/

副業するならポスティング

2020年8月7日　　初版発行

著　者　松島宣武
発行者　太田　宏
発行所　フォレスト出版株式会社
〒162-0824 東京都新宿区揚場町2-18　白宝ビル5F
電話　03-5229-5750（営業）
　　　03-5229-5757（編集）
URL　http://www.forestpub.co.jp

印刷・製本　中央精版印刷株式会社

ISBN978-4-86680-087-5　Printed in Japan